LES ANIMAUX-MÉTÉO

DU MÊME AUTEUR

Vive les dauphins, Éditions de la Mer, 1980
(en collaboration avec Jean-Jacques Barloy).

Batailles pour les phoques, Éditions de la Mer, 1980
(en collaboration avec Jean-Jacques Barloy).

PHILIPPE COPPÉ

LES ANIMAUX MÉTÉO

BALLAND

© Balland, 1982.

A Bénédicte

J'aime les paysans, ils ne sont
pas assez savants pour raisonner
de travers.

Montesquieu

Introduction

Plusieurs fois par jour, les stations de radio, les chaînes de télévision diffusent des bulletins météorologiques. Les journalistes spécialisés dans ce domaine sont parmi les plus populaires des hommes de communication. Et pour cause... Le temps conditionne en effet la presque totalité des gestes que l'homme effectue au cours d'une journée.

« Comment vais-je m'habiller aujourd'hui ? » A peine sortis du lit, nous voilà déjà confrontés au délicat problème météorologique. Jeter un coup d'œil par la fenêtre ne suffit pas. On aimerait bien ne pas avoir à regretter, l'après-midi, l'option vestimentaire du matin... à moins évidemment de transporter un vestiaire ambulant.

Le jardinage, d'autre part, est en train de reconquérir une société en mal de nature et exigeante quant à la qualité des produits qu'elle entend consommer. Se lancer dans la culture du radis, de l'asperge ou de la tomate relève certes d'une louable intention.

Encore faut-il réussir. Semer au bon moment, prévoir à temps les coups de gelées tardifs sont autant de nécessités absolues. Des conditions météorologiques dépend le succès de la récolte.

Rien d'étonnant par conséquent à ce que ces sorciers du XXe siècle, sur lesquels on s'en remet en tournant le bouton du poste de radio ou de télévision, jouissent d'une grande popularité. Mais doit-on leur accorder pour autant une confiance aveugle ? Qui n'a pas annulé une promenade en forêt après s'être fié à la toute-puissante science météorologique ? Et qui n'a pas pesté de voir, de la fenêtre de son appartement, le soleil se riant des risques d'averses sur lesquels on nous avait mis en garde ?

Pendant la saison estivale, des milliers de plaisanciers se mettent aux ordres de l'amiral Beaufort et de sa petite échelle. Qu'un certain nombre de barreaux soit atteint, et les bateaux restent au port. Et trop souvent, après une journée ensoleillée durant laquelle la mer sera restée d'huile, nos plaisanciers se retrouvent à leur club-house, la mine déconfite, et jurant qu'on ne les y reprendra plus.

Régulièrement, force nous est de l'admettre, nos devins se trompent. Point n'est ici notre intention de dresser l'implacable procès de la météorologie. La science de l'atmosphère, la science du temps est encore trop jeune pour que l'on puisse lui reprocher trop sévèrement ses faux pas. En outre, cette science exige la mise en place de moyens énormes, et le dispositif qu'elle nécessite est en constante évolution. Dans l'état actuel de nos connaissances, la météorologie officielle est capable de donner de précieuses indications quant à l'évolution générale du temps. Mais, pour des raisons pratiques que l'on devine aisément, il lui est encore impossible de prévoir le temps à un moment bien déterminé et sur un secteur géographique strictement délimité. Et c'est justement ce type d'indications qui intéresse le plaisancier, le jardinier, l'automobiliste et tous les hommes qui ne sont pas coupés de la nature.

Conscients des limites de la toute jeune science météorologique, ne pouvons-nous pas cependant nous en remettre à d'autres procédés pour prévoir le temps ? Pour nos ancêtres, la prévision météorologique revêtait une importance encore plus considérable que pour nous. C'était même une condition indispensable de leur survie, puisque du temps dépendait le succès des récoltes, qui engendrait, ou évitait, la famine. Sans appareillage sophistiqué, sans satellite, ces hommes avaient établi, à force d'observations, un code empirique de prévision du temps.

La technologie a bien vite relégué cette

météorologie populaire, pourtant fruit d'une subtilité séculaire, à sa plus simple expression folklorique. Les rhumatismes, la lune rousse et le comportement des oiseaux ne pouvaient, à moins de lui ôter toute crédibilité, s'inscrire dans un système exacerbant la toute-puissance de la science. Les méthodes de bonne femme ne pouvaient raisonnablement cohabiter avec les satellites.

Et pourtant... Ces méthodes empiriques n'étaient pas seulement le fruit d'une imagination délirante. Vivant une relation privilégiée avec la Nature, en parfaite harmonie avec elle, les paysans savaient en interpréter les moindres soubresauts. Ils avaient ainsi, en réalité, à force d'observations, établi une somme considérable de relations entre certains phénomènes et les conséquences météorologiques qui s'ensuivaient. Loin de relever du simple folklore, la météorologie populaire repose donc sur des observations pétries de bon sens, de perspicacité.

Tout changement de temps est précédé d'une série de phénomènes que l'homme du XXe siècle n'est généralement plus capable de percevoir. Les variations de la pression atmosphérique, de l'état hygrométrique de l'air, sont autant d'indications quant au temps qui se prépare. Tous les êtres vivants, hommes, végétaux, animaux, réagissent d'une manière ou d'une autre à ces signaux. Ceux qui « prévoient » le temps en fonction de la douleur occasionnée par leurs rhumatismes en sont une parfaite illustration.

Quantité d'animaux perçoivent nettement ces signes prémonitoires et adoptent, en fonction du temps à venir, un comportement bien spécifique. Ils tiennent ainsi un rôle de tout premier plan au sein de nombreuses méthodes empiriques de prévision météorologique. Ce sont eux que nous avons voulu mettre à l'honneur dans ce livre.

Dans une première partie, nous analyserons les nombreuses croyances qui prêtent à l'animal la faculté d'annoncer la pluie, le soleil, la neige, la tempête, enfin tous les changements de temps à court terme. Nous donnerons au lecteur les « trucs » de nos ancêtres, en tâchant de séparer ceux qui ne sont que les fruits de l'imagination débordante des observateurs et ceux qui peuvent s'appuyer sur des réalités scientifiques connues ou simplement pressenties. Car si nul ne peut contester la valeur du dicton qui veut que « hirondelle volant bas, bientôt il pleuvra », on est en droit de s'interroger sur la véracité de deux mêmes observations donnant des conséquences totalement opposées.

Nous traiterons, dans cette première partie, des prévisions nécessaires à l'homme vivant à la ville ou à la campagne et de celles de l'homme de la mer, car prévoir le temps est encore plus important pour les marins, les plaisanciers et les pêcheurs. Comme nous le révélera une enquête menée auprès des gens de la mer, les astuces-météo sont encore particulièrement vivaces sur l'Océan, et « l'oiseau des tempêtes » fait toujours bonne figure à côté du satellite.

Une seconde partie sera consacrée aux prévisions à long terme données par les animaux. On pense tout de suite aux messagers des saisons, à ceux qui migrent, à ceux qui hibernent. Nous aurons l'occasion de constater qu'il faut faire preuve à leur égard d'une grande circonspection. Une hirondelle ne fait effectivement pas le printemps.

Mais que l'on ne s'y méprenne pas ! *Les Animaux-météo* restent avant tout un guide pratique à l'usage de ceux que les erreurs de la science en la matière ont rendus sceptiques, à ceux qui préfèrent regarder ce que la nature leur indique et participer, ainsi, à son mouvement. Notre but n'est pas de concurrencer la science et ses méthodes, mais plutôt de nous inscrire en complément. Prévoir le temps par les animaux restera aléatoire. Mais peut-être aurons-nous eu l'impression, en donnant au lecteur l'occasion de renouer le contact avec les animaux et leur environnement, de poétiser un univers qui a singulièrement besoin de l'être...

L'animal-baromètre à l'usage des citadins et des campagnards

Les traités de météorologie populaire ont toujours fait référence à l'observation des animaux. Plus de trois siècles avant Jésus-Christ, Aristote, dans sa *Météorologie,* tenait déjà nos frères dits inférieurs comme de bons indicateurs du temps. Les adeptes de la « météorologie contemplative » ont de très bonne heure remarqué les relations qui unissaient le comportement de certains animaux et l'événement météorologique qui suivait. Mais ils sont restés incapables d'en donner une explication rationnelle. *Le Vrai Régime des bergers et bergères,* premier traité d'agriculture en langue française, écrit au XIVe siècle par Jehan de Brie, le secrétaire de Charles V, témoigne bien de cette réalité :

« D'une façon générale, écrit Jehan de Brie, à l'approche du mauvais temps, on constate chez les animaux une plus grande nervosité, ils mangent sans relever la tête et ont des frissons.

Non que pour moi ils tiennent des dieux une intelligence ou du destin une prévoyance supérieure, mais, dès que la température ou la mobile humidité de l'air ont changé de direction, que Jupiter, mouillé par les vents d'ouest, condense ce qui était naguère léger et relâche ce qui était dense, les dispositions des âmes se modifient et les cœurs éprouvent des émotions différentes de celles d'antan, quand le vent poussait les nuées : de là ce concert des oiseaux dans les champs, l'allégresse du bétail, les cris de joie qui sortent du gosier des corbeaux. »

En réalité, les lois qui régissent le comportement des animaux avant un phénomène météorologique sont moins émotionnelles que Jehan de Brie ne semble le soupçonner.

Première remarque, les animaux les plus sensibles aux variations climatiques, ceux qui prévoient mieux le temps, sont ceux dont la survie dépend justement de la météo. Les insectes par exemple, qui évoquent dans l'esprit de tous la fragilité, les oiseaux qui doivent absolument trouver un refuge avant la tempête, sont de véritables experts en la matière.

C'est une facilité de langage que de dire que les animaux prévoient le temps. Ils réagissent plutôt aux phénomènes qui précèdent tout changement de temps, ce qui permet naturellement à l'observateur attentif de tirer certaines conclusions.

Les phénomènes auxquels obéit le comportement des animaux sont de divers ordres. Il peut tout d'abord s'agir de la variation de la teneur en humidité de l'air ; mais aussi de la variation de la pression atmosphérique, de l'électricité atmosphérique. Parfois enfin ces réactions sont guidées par celles d'animaux plus petits servant de nourriture à ceux que l'on observe.

« S'il doit faire beau la grenouille
coasse au bord des étangs.
Au fond de la vase elle fouille
S'il doit venir un mauvais temps. »

La grenouille, et plus spécialement la rainette, est le plus populaire des animaux-météo. Tout météorologue digne de ce nom est censé avoir auprès de lui dans son laboratoire un de ces amphibiens. L'animal occupe un bocal à demi rempli d'eau et équipé d'une petite échelle. En grimpant aux barreaux, il annonce le beau temps, en se réfugiant au fond du bocal, la pluie. En se maintenant à la surface de l'eau enfin, il traduit un état atmosphérique stationnaire.

La relation de la grenouille à la pluie est attestée depuis fort longtemps, et dans la Chine ancienne, c'est en imitant les attitudes de cet intermédiaire entre le monde aquatique et le monde terrestre que l'on provoquait l'ondée bienfaitrice. La bactromancie était un art divinatoire très en vogue et l'une de ses règles essentielles se fondait sur le fait que les batraciens puissent virer du rose au bleu.

Malgré tout, la grenouille dans son bocal ne semble pas être un indicateur très fiable, comme l'a montré Drainer. Voulant vérifier la justesse de la croyance, ce savant autrichien a placé dix rainettes en observation dans son laboratoire. Les grenouilles se trompèrent vingt-six fois sur quarante jours. Pour dix-neuf jours de pluie, elles avaient annoncé douze fois le beau temps.

Plutôt que de le prévoir, la grenouille se contente d'indiquer le temps qu'il fait déjà.

Il n'y a qu'à regarder par la fenêtre pour vérifier ce que l'amphibien nous dit ; ce n'est donc pas la peine de l'emprisonner pour les besoins d'un dispositif bien peu utile. Dans son bocal, la grenouille perpétue en réalité le comportement qu'elle adopte dans la nature. En effet, par beau temps, la grenouille aime à grimper dans les arbustes. C'est là qu'elle profite du soleil et capture sans difficulté les insectes dont elle se nourrit, les mouches en particulier. Quand le temps se gâte par contre, elle préfère se réfugier au fond de l'eau ou à l'abri des hautes herbes, pour se protéger des intempéries d'une part, mais aussi parce que les insectes ont cessé de voleter près des arbres. Mais même si elle ne nous annonce rien, il n'en reste pas moins que par son comportement la grenouille fait cependant preuve d'une exceptionnelle sensibilité météorologique. Regarder l'état du ciel n'a rien d'un exploit pour l'homme, doté d'un système visuel très sophistiqué. La grenouille au contraire, de sa mare, de son roseau et à plus forte raison de son bocal est incapable de savoir le temps en regardant le ciel. Ses yeux globuleux et la région visuelle de son cerveau sont trop peu développés pour qu'elle puisse seulement entrevoir le moindre nuage. A peine est-elle capable de distinguer la clarté de l'obscurité. Ne pouvant tirer de l'état du ciel aucune indication météorologique, c'est grâce à un baromètre interne que la grenouille règle son comportement.

C'est sans doute le même mécanisme qui prévient la grenouille de la fin de l'hiver, lui permettant ainsi de quitter sans crainte le trou de soixante centimètres de profondeur qui lui aura servi d'abri pendant les mauvais jours. Les batraciens font partie des animaux à sang froid. Cela signifie tout simplement que la température de leur corps varie en fonction de la température de l'air. On comprend donc que ces animaux ont tout à craindre d'un excès de chaleur ou d'un rafraîchissement trop brutal. Surprise par le moindre coup de gel, notre rainette se trouve bien vite paralysée et ne tarde pas à mourir de froid. Mais de tels accidents n'arrivent pour ainsi dire jamais. Les batraciens ne quittent en effet leur trou que lorsqu'ils sont assurés de ne rien risquer. Et si d'aventure, par beau temps, ils quittent précipitamment leur mare pour s'enterrer rapidement, on peut s'attendre à une chute brutale de la température dans les heures qui suivent. Dans ce cas seulement, les grenouilles deviennent de véritables baromètres.

Les dictons sont souvent contradictoires. Le coassement des grenouilles est tantôt interprété comme un signe de pluie et tantôt comme l'indice du beau temps revenu. Selon les régions, le moment où la grenouille coasse, la force de son chant, une quantité de croyances ont fait leur apparition. Si leur décryptage s'avère difficile, leur existence prouve au moins que l'on avait repéré depuis longtemps les liens qui unissent le chant des grenouilles et le temps.

On sait maintenant, grâce à diverses observations et plusieurs expériences scientifiques, que les grenouilles réagissent à la hausse de la pression atmosphérique intervenant avant toute période de beau temps, en coassant le soir plus tôt que d'habitude :

« S'il doit faire beau la grenouille
Coasse au bord des étangs,
au fond de la vase elle fouille
s'il doit venir un mauvais temps »

se trouve donc confirmé.

« Limaçon aventureux
le temps sera pluvieux. »

Les limaces et les escargots (ou limaçons) annoncent la pluie dans toutes les régions. En fait nul ne peut contester aujourd'hui ce qui n'est qu'une réalité jamais démentie. Les mollusques jouent tout simplement, et avec peut-être plus de sensibilité que d'autres animaux, leur rôle d'hygromètre naturel. La peau de ces animaux se déshydrate très vite ; ce qui explique que le beau temps les oblige à rester bien à l'abri dans un endroit frais. L'humidité qui précède de quelques heures l'arrivée de la pluie les incite au contraire à sortir. On prétend même que les escargots montent aux arbres avant la pluie. Plus ils grimpent, plus le temps sera pluvieux. Dans le Midi, le tonnerre est d'ailleurs appelé le « tambour des escargots » puisqu'il les fait sortir de leur cachette.

On dit dans les Vosges que les limaces cheminent couvertes de terre lorsque le mauvais temps arrive. Ce comportement est facilement vérifiable, surtout avant les périodes de pluie prolongées. Alors, effectivement, les limaces charrient de la terre. Prévoyantes, elles aménagent leur habitat pour éviter qu'une crue trop importante ne les noie. Tant qu'elles charrient cette terre, le mauvais temps durera. Mais si elles viennent à troquer leur chargement de terre pour de l'herbe, le beau temps ne tardera pas. En prévision d'une sécheresse qui les obligera à vivre reclus, ces mollusques emmagasinent de la nourriture.

La réceptivité de certains organismes vivants au degré d'humidité de l'air est attestée depuis longtemps en tant que phénomène compris. Le premier hygromètre construit faisait d'ailleurs directement appel à l'animal. C'est en effet en utilisant une corde à boyau que l'astronome anglais R. Hooke mesura pour la première fois au XVIIe siècle le degré d'humidité de l'air. En s'allongeant, cette corde provoquait le déplacement d'une aiguille. Certains hygromètres gadgets ont pour organe sensible une mèche de cheveux blonds, particulièrement sensibles à la teneur de l'air en eau : les cheveux qui frisent annoncent bel et bien la pluie.

« Lorsque le ver de terre perce le chemin la pluie n'est pas loin. »

Comme les mollusques, les vers de terre sont eux aussi de bons tests de l'état hygrométrique de l'air. Qui les rencontrera à terrain découvert peut être assuré de l'arrivée de la pluie sous peu de temps. Il est largement démontré qu'avant la pluie les lombrics remontent à la surface du sol.

On a prêté au ver luisant un bon nombre de facultés prémonitoires. Le lampyre, puisque tel est son nom scientifique, annonce ainsi le froid si ses pattes noircissent. A ce moment-là, il brille aussi d'un éclat particulièrement vif. La pluie imminente l'incite à changer sans cesse de place. Il remue par saccades avant la grêle et s'enfonce sous terre pour s'abriter du vent. Par contre, en se colorant de bleu, il garantit pour le lendemain un beau ciel, et une belle nuit en jetant sur l'herbe d'innombrables petits jets de lumière.

Il va de soi que l'on a considérablement exagéré les pouvoirs du ver luisant. Néanmoins, cet animal annonce bel et bien l'orage en brillant plus fort qu'à l'accoutumée. La raison en est simple : les gros nuages noirs qui précèdent toujours l'orage, en obscurcissant la campagne, rendent plus vive la lueur étrange qui se dégage du lampyre. L'homme dispose donc dans ce cas d'un photomètre naturel.

La sangsue faisait autrefois partie des animaux baromètres les plus fiables. On lui demandait les mêmes services qu'à la grenouille en l'installant dans une bouteille aux trois quarts remplie d'eau. Si elle restait au fond, immobile et enroulée sur elle-même : beau temps. Si elle remontait : pluie. Si elle s'agitait : vent. Si elle s'agitait encore plus : tempête ou orage. Enfin, en hiver, les sangsues annonçaient la neige en se suspendant au goulot de la bouteille. Il semblerait, si l'on en juge par son actuelle réputation, que la sangsue ait fait preuve de moins de clairvoyance que la grenouille. Mais peut-être est-ce dû à la répulsion que nous inspire cet éternel suceur de sang, compagnon pourtant privilégié des pharmaciens d'autrefois ?

Tout aussi impopulaire : le cloporte. On ignore généralement que ce petit arthropode est un crustacé, mais on sait qu'il aime à vivre reclus, dans les cavernes, sous les pierres, et dans les lieux sombres et humides. Il arrive cependant que par beau temps, des bataillons de cloportes fassent leur apparition sur les murs des habitations. Le dégoût et l'épouvante que suscite cette visite inopportune seront alors compensés par l'information météorologique transmise.

*« Cloportes sur les murs
le mauvais temps est sûr. »*

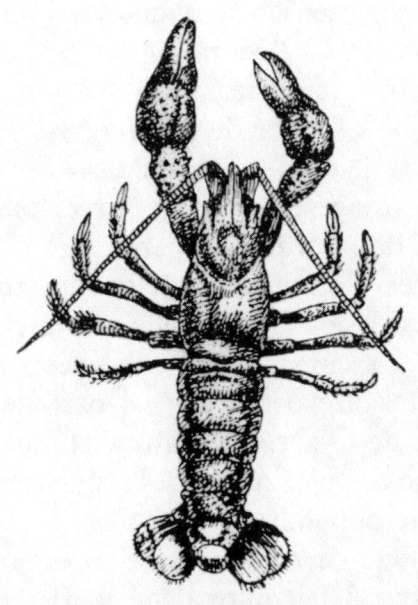

L'écrevisse, qui est un crustacé d'eau douce, peut aussi renseigner le pêcheur quant à l'état du temps qui se prépare. Particulièrement perspicace, elle annoncerait, paraît-il, le mauvais temps en quittant le ruisseau et en marchant à reculons. Il est quand même conseillé au lecteur de ne pas accorder trop de crédit au pouvoir prévisionnel de cet animal. Principalement parce

que l'écrevisse est totalement incapable de
« marcher à reculons ».

   La croyance qu'elle puisse le faire est à l'origine d'une des séances les plus drôles et les plus mémorables de la solennelle Académie Française. Un jour que les Immortels travaillaient à l'élaboration du dictionnaire, le célèbre naturaliste Cuvier demanda qu'on lui lise la définition du mot écrevisse. L'académicien de service déclara aussitôt : « Petit poisson rouge qui marche à reculons. » Et Cuvier de rétorquer, superbe : « Mes chers collègues, l'écrevisse n'est pas un poisson, elle n'est point rouge et elle ne marche nullement à reculons ; sauf ces légères rectifications, votre définition est parfaite. » En parlant de la sorte, le naturaliste mettait à mal une des plus anciennes croyances de la zoologie populaire.

   En fait, l'écrevisse marche au fond de l'eau tout à fait normalement. Par contre, elle nage effectivement comme les pieuvres, à reculons. Quand elle se sent en danger, elle se plaque ainsi au fond de l'eau et se met à nager au ras du sol. Cette attitude a pu faire naître une certaine confusion. Notre écrevisse prouve en tout cas que pour s'initier à la météorologie populaire, il faut savoir lire entre les lignes des dictons.

> *« Lorsque les orvets sont paresseux*
> *la pluie est proche. »* (Vosges)

L'inoffensif orvet aime se promener lors des grandes chaleurs. Mais avant même que les premiers signes de l'orage n'apparaissent, il se réfugiera sous un tas de foin, dans les herbes, et n'hésitera pas dans certains cas à s'installer à l'intérieur des habitations villageoises. Le comportement de ce reptile est intimement lié à la température et il est exact que le mauvais temps l'engourdit alors que le soleil l'incite à frétiller gaiement dans l'herbe.

*« Si le lézard se cache
c'est un signe de mauvais temps. »*

Le lézard est, lui aussi, un véritable amoureux du soleil et peut rester immobile pendant plusieurs heures sous le feu de ses rayons. Un tel pouvoir n'a pas manqué de séduire les Anciens et les Grecs avaient élevé ce sympathique reptile au rang des animaux consacrés à Apollon.

Les couleuvres fournissent de bonnes informations météorologiques à condition que l'on sache reconnaître leur concert. Il arrive en effet que par beau temps, cachées dans les buissons ou au bord des mares, elles donnent soudain de la voix. On peut alors être certain d'un changement de temps imminent ; la pluie n'est pas loin. Un problème se pose néanmoins : le concert que donnent ces reptiles ressemble étrangement à celui des grenouilles le soir. Et comme la signifi-

cation en est totalement différente, il faudra redoubler d'attention pour distinguer un bruit moins dense, plus monotone et plus rêche que le « rra rra » des amphibiens.

« *Lorsque les serpents sortent de leur trou, le mauvais temps arrive.* » (Dauphiné)

En sortant de son trou le serpent annonce, selon la plupart des traités de météorologie populaire, la pluie. Anticipe-t-il devant le danger qu'il court de périr noyé dans son refuge ? La réponse est incertaine. Il est curieux cependant de constater que cet animal est associé à la pluie dans presque toutes les civilisations. Dans de nombreux mythes, il est en rapport direct avec la pluie fécondante. Là où sévit la famine, le serpent a le fascinant pouvoir de faire venir la pluie. Lors de certaines cérémonies traditionnelles, les Hopis, ces Indiens du nord-est de l'Arizona, exécutent des danses de la pluie au cours desquelles ils manient des serpents vivants. Les anciens monarques du Dahomey offraient aux pythons sacrés des fillettes de huit à douze ans. Ils pensaient ainsi s'associer les faveurs de Dan, le dieu-python, lors des semailles. Encore aujourd'hui, les Guinéens invoquent le serpent durant les périodes de sécheresse. Le mythe du serpent faiseur de pluie a donné lieu à diverses tentatives d'explication. La plus courante se réfère au symbole phallique du serpent, qui évoque le sexe de l'homme. La psychanalyse ayant montré que le sperme et l'eau fertilisante entretenaient d'étroits contacts dans notre petite tête d'humain inconscient, il n'en a pas fallu plus pour expliquer que le concept de serpent soit associé à la pluie...

Le beau temps rendrait-il les salamandres euphoriques ? Les lézards d'eau rabâchent leur chanson. On comprend aisément que cet animal dont Pline a écrit qu'« il est si froid que rien qu'à toucher le feu, il l'éteint comme le ferait la glace », manifeste quelque satisfaction dès qu'apparaissent les signes avant-coureurs du soleil. On sait aujourd'hui ce qui a valu à la salamandre la réputation de ne pas craindre le feu. Blessé, cet animal répand une liqueur capable de ralentir les effets des flammes.

> *« Araignée du matin, chagrin,*
> *araignée du midi, souci,*
> *araignée du soir, espoir. »*

Le proverbe est bien connu. Mais rares sont ceux qui connaissent son fondement météorologique. Les Anciens en effet l'appliquaient à la prévision du temps. Ces arachnides affectionnent le beau temps, et leur comportement peut par conséquent être symptomatique. Quand il y a de la rosée le matin, l'araignée, sans doute par crainte de mouiller ses gracieuses pattes, ne sort pas ; elle préfère que le sol soit sec. Or, il est aujourd'hui clairement établi qu'une forte rosée présage du beau temps puisque ce phénomène intervient lorsqu'un ciel clair et un vent calme favorisent un abaissement de la température au voisinage du sol par rayonnement. Autant de conditions typiques du régime anticyclonique. Si l'araignée sort de bon matin, c'est donc qu'il n'y a pas de rosée et que le beau temps est loin d'être assuré : « araignée du matin, chagrin ».

A midi, l'araignée ne sort que si un bouleversement atmosphérique est imminent : « araignée du midi, souci ». Enfin, le soir l'araignée sort pour chasser quand le temps est beau. Et comme, quand la nuit est belle, on peut s'attendre à du beau temps pour le lendemain : « araignée du soir, espoir ».

Avant le mauvais temps, les araignées restent à l'abri. C'est pour cela que les araignées paresseuses sont censées annoncer une averse. A contrario, si pendant l'intempérie elles se remettent fébrilement au travail, le soleil ne tardera pas à faire sa réapparition. Un peu partout en France, on disait autrefois que « les araignées délaissaient les cours sombres avant l'arrivée du soleil ».

En 1791, contre toute attente, le célèbre général Pichegru prend d'assaut les vaisseaux hollandais bloqués par les glaces dans le Zuiderzee. A l'origine de la victoire des glorieuses troupes françaises ? Quelques araignées météo... Pour l'acompagner dans son expédition, Pichegru avait en effet emmené le célèbre météorologiste Quatremère d'Isjonval. Alors que les vaisseaux hollandais bombardaient sans relâche les soldats français, le savant rassura Pichegru : « Attendez, lui dit-il, l'attitude de mes araignées m'assure que nous aurons bientôt une vague de froid qui bloquera les navires et les empêchera de nous suivre près des rivages. » Fort de cet enseignement, Pichegru n'eut qu'à mettre au point une tactique d'encerclement et attendre le moment propice pour attaquer. Quatremère d'Isjonval, créateur d'une filature, cultivait une véritable passion pour les araignées. Remarquant qu'elles remplissaient parfaitement le rôle d'un hygromètre, cet original avait exposé dans deux ouvrages une théorie sur l'utilité de ces arachnides. Obsédé par l'eau, il affirmait aussi que le besoin d'eau avait été le mobile de toutes les inventions humaines.

Malgré ses mérites évidents, l'araignée continue pourtant à souffrir des préjugés qui atteignent la presque totalité des « animaux à sang froid dépourvus de système cérébro-spinal » et inspire l'effroi. Mais, de grâce, cessons d'occire ces bestioles de coups de talons vengeurs. Car les traités de météorologie populaire sont unanimes : tuer une araignée, c'est faire pleuvoir dans la journée.

Ceux qui ne supportent pas la vue des araignées devront examiner attentivement leurs toiles pour prévoir le temps. Avant la pluie ou le vent, les haubans sont courts, bien tendus et solidement ancrés. Par contre, s'il doit faire beau, l'araignée s'empresse de les allonger et de les détendre.

Il arrive aussi qu'au printemps, mais surtout à l'automne, on voit parfois se déplacer de longs filaments soyeux sur lesquels s'activent des araignées. Ces « toiles aériennes » sont le produit le plus souvent de minuscules araignées appelées érigones. Leur apparition est un indice de beau temps pour le lendemain. En effet, les conditions atmosphériques semblent jouer un rôle dans l'apparition de ces filaments, puisqu'on ne les observe que par temps doux, clair et calme. On les appelle aussi parfois les fils de Notre-Dame, ou fils de la Vierge.

Le scorpion, qui fait aussi partie de la classe des arachnides, annonce la pluie en quittant les pierres sous lesquelles il se réfugie coutumièrement. Il est peut-être utile de rappeler que le scorpion n'est pas seulement l'animal dangereux du désert. La France en compte ainsi quelques espèces assez inoffensives : le scorpion noir à queue jaune fréquente la France méridionale et centrale, pénétrant même parfois dans les habitations. Le scorpion languedocien apprécie la garrigue ; sa piqûre, quoique non mortelle, est cependant grave.

Le monde des insectes est fascinant. Leur baromètre interne n'a rien à envier à celui des autres classes d'animaux. Contrairement aux mammifères qui supportent stoïquement la pluie, les insectes, par leur fragilité, ont tout intérêt à éviter les intempéries.

« Les abeilles qui demeurent près des ruches ou qui y retournent en troupe, demi-chargées, marquent la pluie. » (Provence)

L'abeille fournit un des meilleurs exemples d'animal-baromètre. Il semble assez logique que cet hyménoptère, né selon les

Egyptiens du poudroiement d'or provenant des larmes de Râ, le Dieu du soleil, n'aime ni la pluie ni l'orage. C'est surtout la précision avec laquelle il prévoit leur arrivée qui étonne.

On a remarqué qu'avant ces intempéries, les abeilles adoptent un comportement inhabituel. Dans ces conditions en effet, elles évitent de s'éloigner de leur ruche pour butiner les fleurs qui se trouvent à sa proximité. Elles annoncent aussi la pluie quand, avant la tombée de la nuit, elles rentrent en groupe précipitamment et peu chargées. Les dictons qui évoquent ce comportement sont légion. En Vivarais, on l'exprime de manière très prosaïque : « Les abeilles ne s'éloignent pas de leur ruche ou arrivent avant la nuit sans être entièrement chargées si le mauvais temps va arriver. »

Le célèbre naturaliste Karl Von Frisch a eu l'occasion de vérifier la justesse de cette observation. Mais il a en plus remarqué avec stupéfaction que les abeilles ne se contentaient pas d'annoncer vaguement le temps : elles le prévoient à la minute près. Le prix Nobel comparait un jour d'été le comportement de deux ruches. L'une disposait d'une source sucrée à une centaine de mètres. Les abeilles de la seconde ruche devaient par contre parcourir près de six kilomètres pour avoir accès à la même source. Soudain, vers la fin de l'après-midi, alors que le temps était encore au beau fixe, plus aucune abeille ne quitta la ruche éloignée. Les autres au contraire continuaient leur va et vient incessant. Remarquant que le temps se faisait lourd, le savant effectua un calcul très simple : vol jusqu'au lieu de ramassage, 19 minutes ; temps de récolte pour une abeille, 33 minutes : vol de retour à la ruche contre le vent, 23 minutes. Von Frisch conclut donc qu'un orage éclaterait dans les soixante-quinze minutes qui suivraient. Il se trompait, puisqu'il fallut attendre... 80 minutes. Les travailleuses s'étaient donné une marge de cinq minutes. Celles qui profitaient par contre d'une source rapprochée et n'avaient à mettre que vingt secondes pour être à l'abri ne cessèrent de butiner qu'au tout dernier moment. Les abeilles avaient bel et bien calculé l'heure exacte à laquelle l'orage éclaterait.

Cette anticipation aussi précise d'un changement de temps est un phénomène unique dans le monde animal. Il est d'autant plus surprenant qu'en cessant de butiner, les abeilles s'infligent un petit supplice. En effet, l'augmentation de l'humidité de l'air favorise la production de nectar par les fleurs. Prudence est donc bien mère de sûreté chez ces travailleuses infernales. Une abeille victime d'une tempête ou d'un orage est incapable de regagner son foyer protecteur et meurt très vite de stress. Il importait que ces ramasseuses de nectar fassent preuve d'une sensibilité météorologique hors du commun.

Les facultés météorologiques de ces animaux ne se limitent pas au simple fait de prévoir l'orage ou la pluie. L'abeille annonce aussi la direction d'où le vent viendra. Si elle butine loin des ruches, le vent du nord va souffler. Souvent sec, ce vent ne favorise pas la production de nectar et l'oblige à parcourir d'assez longues distances pour dénicher une source sucrée.

Le fonctionnement des glandes nectarifères des fleurs est étroitement lié à la température, au degré hygrométrique de l'air et en conséquence à la direction du vent. Ce qui explique l'existence d'une rose des vents apicole :

« Vent de nord-nord-est : pas de miellée.
Vent de nord-nord-ouest : miellée médiocre.
Vent de sud-sud-est : miellée possible.
Vent de sud-sud-ouest : forte miellée. »

Proche cousine de l'abeille, la guêpe s'agite et pique plus que de coutume pour annoncer des averses orageuses.

C'est probablement l'instinct de conservation qui pousse les fourmis à déménager leurs « œufs » (en réalité leurs nymphes) avant la pluie. Cette croyance est attestée dans plusieurs provinces. Bien que non vérifiée, on peut supposer que les fourmis, craignant une inondation, aillent s'installer

LES ANIMAUX – MÉTÉO

dans un endroit plus sûr. L'abandon d'une fourmilière est considéré comme un présage de pluie.

« Quand les moustiques des fosses voltigent le soir en colonnes denses, c'est signe de mauvais temps. »

Une quantité d'insectes ailés ont, avant l'orage, la fâcheuse manie de s'acharner sur les hommes et les bestiaux. Pris d'une véritable frénésie, mouches, moustiques et taons fouillent la chair et sucent avidement le sang. L'explication de ce comportement agaçant est simple et nous inclinera peut-être à l'indulgence. Comme tous les invertébrés, l'activité de ces insectes devient plus intense à mesure que la température augmente. De plus, ces insectes piqueurs sont favorisés par le fait que quand le temps devient lourd, la transpiration qui sourd de notre épiderme s'évapore beaucoup plus difficilement. Comme ces insectes repèrent leur proie à l'odeur, ils se trouvent ainsi très avantagés. Ce n'est pas une erreur que d'affirmer que « les mouches piquent davantage avant l'orage ».

Les habitants de Saint-Vaury, dans la Creuse, en ont fait l'amère constatation le 13 août 1933. A 15 heures ce jour-là, le thermomètre affichait 33°8 alors que le baromètre se maintenait au beau fixe. A 19 heures, par gigantesques nuées, les mouches envahissaient les habitations, agaçant les villageois restés à l'ombre. La baromètre ne bougeait pas et rien ne laissait encore présager un changement de temps. A 21 h 30, les premiers éclairs faisaient leur apparition. A 22 heures, le baromètre était à la baisse.

L'orage n'éclatait enfin avec violence que vers minuit. Les jours précédents, aussi chauds, n'avaient pas été suivis d'orage. Les mouches n'avaient montré aucune excitation notoire.

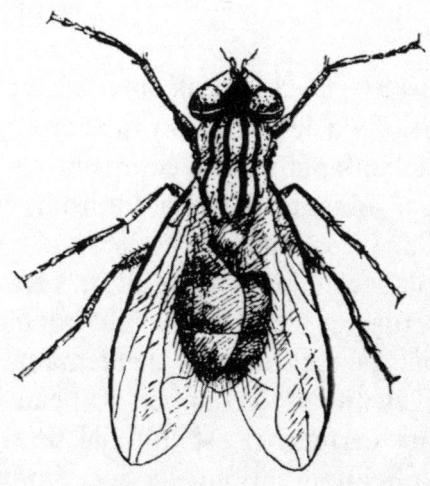

Mais les mouches n'annoncent pas que l'orage. Au soir, au coucher du soleil, elles prédisent le beau temps en « tourbillonnant au couchant ». Même indication de la part des moucherons : « Si les moucherons se rassemblent avant le coucher du soleil et ne cessent de tournoyer, plus épais que cheveux en tête, ils marquent du beau temps », assure-t-on en Provence. Les éphémères appellent aussi la chaleur en s'abattant en nuages innombrables auprès des rivières. Cela s'explique probablement par le fait que la mue des larves de ces insectes est favorisée par le beau temps. Mais gare aux moustiques ! En voltigeant le soir en longues colonnes, ceux-là au contraire présagent le mauvais temps.

« *Coccinelle, fera-t-il beau demain ?*
(Picardie) »

On trouve chez les coléoptères de bonnes dispositions à la prévision météorologique. Tous les enfants savent comment s'y prendre pour obtenir quelque information auprès d'une coccinelle.

Si, placée au bout du doigt, la bête à bon Dieu refuse de s'envoler, il faut conclure au mauvais temps pour le lendemain. Mais qu'elle vienne à s'échapper, le beau temps est alors certain. Il est difficile de trouver une explication rationnelle à ce comportement, mais la croyance est à ce point charmante, qu'il serait odieux de la mettre en doute. Les formulettes qui permettent d'établir le contact avec la bête à bon Dieu sont multiples. Dans le Loiret on emploie celle-ci :

« *Papi, vole, vole, vole.*
S'il fait chaud vole haut,
s'il fait froid va te cacher ! »

Mais de tous les coléoptères, le géotrupe reste le plus sagace météorologiste. Cet insecte est un bousier ; il fait partie de ces animaux coprophages au rôle sanitaire trop souvent méconnu. Le jour, les géotrupes sont sous terre. Ils ne quittent leur terrier qu'après le coucher du soleil. Alors, ils sortent en bandes à la recherche de quelque excrément de mammifère. Dès qu'une « source » est trouvée, ils plongent sous le butin et passent le reste de la nuit à l'enfouir. Conditions indispensables à leur sortie nocturne : l'air doit être calme, et douce la température.

Jean-Henri Fabre, entomologiste du XIXe siècle, a longtemps observé les géotrupes. Sa curiosité insatiable l'a conduit à vouloir expliquer les raisons qui poussent les paysans à affirmer que « les géotrupes volant bas le soir, très affairés et rasant la terre, sont signe de beau temps pour le lendemain ».

Après de patientes observations, il a effectivement constaté la sagacité de ce propos. Il a résumé dans ses *Souvenirs entomologiques* les enseignements météorologiques que les bousiers lui fournissaient :

« Premier cas : par une soirée douce les géotrupes s'agitent et accomplissent leur corvée vespérale. Le lendemain, il faisait beau. Rien de très exceptionnel, le beau temps de la nuit s'est poursuivi le jour.

Second cas : la soirée est fort belle, mais les géotrupes ne sortent pas. Tard dans la nuit, la pluie survient, qui se prolonge le lendemain.

Troisième cas : la soirée est fraîche, le ciel est couvert. Pourtant les géotrupes s'activent. Au cours de la nuit, les menaces de pluie se dissipent et de bon matin, le soleil brille. »

Force est de se rendre à l'évidence : quel que soit l'état du ciel, clair ou menaçant, les géotrupes dressent leur emploi du temps en fonction du temps qu'il fera à la fin de la nuit. Et comme ce temps se poursuit le plus souvent au cours de la journée, il est donc juste de dire que par leur activité au crépuscule, les géotrupes annoncent le beau temps pour le lendemain.

Les bousiers sont aussi sensibles au degré d'électricité atmosphérique. Avant un orage, ils font ainsi preuve d'une agitation extraordinaire sans commune mesure avec leur activité coutumière, par beau temps. C'est notamment ce qui s'est passé dans les volières de Fabre, le 12 novembre 1894. Pourtant aucun orage ne survint. L'entomologiste ne s'expliqua l'extrême nervosité de ses pensionnaires que quelques jours plus tard, en lisant le journal. Une violente bourrasque avait éclaté dans le nord de la France ce soir-là. La forte dépression barométrique qui l'accompagnait avait eu son écho dans le Midi, et les géotrupes l'avaient traduite à leur manière : « Avant le journal, écrit le savant, ils me parlaient de l'ouragan... »

*« La courtilière sort de terre
lorsqu'il va pleuvoir. »*

Ce gros orthoptère commun des jardins vit le plus souvent sous terre où il creuse de profondes galeries. Mais avant la pluie, la taupe-grillon, puisqu'on l'appelle encore ainsi, quitte son refuge pour gagner les parties hautes du sol et ne pas périr ainsi lors d'une inondation.

« Les papillons voltigent près des fenêtres lorsque le mauvais temps arrive. » (Vosges)

Par leur fragilité les papillons sont totalement dépendants du beau temps. Ce qui les oblige à disposer d'un baromètre interne très fiable. Le flambé utilise ce précieux auxiliaire avant même d'être sorti de son cocon. En effet, ce lépidoptère ne doit voir le jour que si le temps est favorable au vol. Il s'en remet à son instinct, guidé par une fabuleuse particularité biologique. D'abord de son cocon, le flambé connaît, par son sens physiologique du temps, l'heure de midi, la plus propice à ses premiers battements d'ailes. Mais plus extraordinaire encore, son baromètre interne lui indique les différences de température entre les heures matinales et celles de la mi-journée. Si la température n'augmente pas, le papillon conclura à un ciel couvert et à un risque de pluie, des conditions peu indiquées pour sa sortie. Des papillons ayant totalement achevé leur métamorphose peuvent attendre une semaine avant de quitter leur cocon. Même s'il ne nous est pas d'un grand recours, le comportement du flambé n'en constitue pas moins un véritable exploit météorologique.

La sagesse populaire attribue aussi au papillon le pouvoir d'annoncer le mauvais temps en voltigeant près des fenêtres.

Fabre a aussi remarqué que la chenille processionnaire du pin ne sortait jamais de son nid avant une dépression et s'empressait d'y rentrer avant le mauvais temps.

Les termites réussissent une incroyable prouesse météorologique. Ces animaux souterrains ne voient jamais la lumière du jour. Seuls les sujets sexués quittent un court instant la termitière, pour le vol nuptial. Ce vol intervient à la même heure pour tous les termites d'une même région. Mais il est surtout nécessaire qu'il se situe juste avant la pluie. En effet, après avoir copulé, le couple formé doit pouvoir très rapidement creuser un trou, afin de créer la base d'un nouvel Etat.

Le miracle s'accomplit à chaque fois. Les termites prévoient l'arrivée de la pluie avec une rigoureuse exactitude, adoptant ainsi le comportement indispensable à leur survie.

On ne pouvait terminer ce bref panorama des insectes-météo, sans faire allusion à ces charmantes bestioles noires qui ne cessent de nous démanger avant l'orage. Chacun sait hélas que les bêtes d'orage n'ont pas usurpé leur surnom. A tel point d'ailleurs qu'on en a oublié leur vrai nom. Ce sont des thrips, de l'ordre des thysanoptères, qui se cachent sous cette appellation. Et plus spécialement des *Thrips cerealium.*

Pour le naturaliste néophyte, pour le citadin, le monde des ailes représente un terrain d'investigations météorologiques plus propice, plus abordable. Contrairement aux insectes, qui ne se laissent que furtivement observer et qui ne se manifestent pour la plupart qu'à la belle saison, les oiseaux sont presque toujours à nos côtés. Alors que la presque totalité des mammifères ne s'active que la nuit, les oiseaux sont presque tous diurnes. Enfin, la gent ailée est partout, s'adapte à tous les milieux. Il suffit au citadin de s'arracher quelques instants aux trépidations de la ville, de lever le nez au ciel pour les voir évoluer. Comme pour les insectes, leur fragilité les oblige à la plus grande clairvoyance météorologique. Surtout sensibles aux variations de la pression atmosphérique, les oiseaux adaptent aussi leur comportement en fonction de celui de leurs proies éventuelles. On peut alors parler de prévisions météorologiques en chaîne.

*« Lorsque les oiseaux s'envoient des appels joyeux d'un arbre à l'autre,
le beau temps arrive. »*

L'ornithomancie, l'art de prévoir l'avenir par l'examen du vol et du cri des oiseaux, était universellement pratiquée dans l'Antiquité. On croit bien souvent que les oiseaux n'étaient observés que pour tirer des conclusions quant à l'avenir de l'homme, pour connaître l'issue d'une guerre ou afin de savoir quelles décisions devait prendre un empereur romain pour assurer le bien-être de son peuple. Mais l'ornithomancie s'intéressait aussi aux prévisions météorologiques et c'est sans doute elle qui se trouve à l'origine d'une bonne partie de la météorologie populaire. Il n'y a rien d'étonnant à ce que l'oiseau serve d'augure puisque, symbole céleste, il est, par excellence, le messager des dieux auprès des mortels.

*« Si vole bas l'aronde,
attends que la pluie tombe.
L'hirondelle volant haut
le temps sera beau. »*

L'hirondelle figure au premier rang des oiseaux-météo. Messagère du printemps comme nous aurons l'occasion d'en reparler au cours d'un prochain chapitre, elle annonce aussi la pluie et l'orage en volant bas.

Dans le Nord on affirme que « quand les hirondelles volent à terre, adieu la poussière ».

Ces croyances reposent sur une réalité maintenant clairement établie. En période de beau temps, la surchauffe du sol provoque en effet des mouvements ascendants qui entraînent en hauteur les moucherons et autres insectes volants dont se régale l'hirondelle. En revanche, l'arrivée de la pluie est toujours précédée d'un affaissement général de la masse d'air qui a pour effet de plaquer au sol les proies tant convoitées, obligeant ainsi les gourmandes à jouer les acrobates et à faire du rase-mottes. L'hirondelle ne prévoit pas vraiment le temps ; c'est juste le comportement qu'elle adopte en certaines circonstances qui nous fournit d'utiles précisions.

Mais même si l'on décide de faire confiance à l'hirondelle, il convient de rester prudent. Des déplacements d'air ascendant précèdent parfois la pluie. Dans ce cas, l'hirondelle, de par sa légèreté, ne peut se tenir près du sol et se trouve, malgré sa volonté, entraînée vers les couches supérieures. L'hirondelle volant bas annonce donc bien le mauvais temps, mais il ne faut pas en déduire qu'en volant haut elle nous assure du beau temps. Les risques d'orage ne sont pas exclus, au contraire. La météorologie est une science difficile, même pour les hirondelles.

Les Anciens avaient déjà saisi la complexité du comportement de cet oiseau. Bien qu'affirmant par leurs dictons qu'« Hirondelle volant bas, bientôt il pleuvra », ils remarquaient par ailleurs que « par temps d'orage, l'hirondelle monte aux nuages ». En réalité, il est tout à fait possible de reconnaître l'hirondelle contrainte de voler haut. Prise par le vent, elle effectuera un vol désordonné et battra des ailes de façon très inhabituelle. Ce comportement pourra s'accompagner de quelques cris.

C'est encore leur quête de nourriture qui permet aux hirondelles de nous indiquer la direction du vent. Avant la tempête, les insectes vivant à proximité des arbres s'abritent en se plaçant du côté opposé au vent. Par conséquent, dès que les hirondelles sont toutes du même côté des arbres, il nous est facile de déduire la direction d'où viendra le vent.

« *Quand les martinets crient sans arrêt : pluie.* » (Languedoc)

Souvent confondu avec l'hirondelle, le martinet est capable d'encore plus d'acuité en matière de météorologie. Nettement plus grand que l'hirondelle, cet oiseau s'en distingue aussi par son plumage entièrement noir. Mais le martinet présente une autre particularité : celle de ne disposer que de pattes très réduites garnies de quatre doigts tournés vers l'avant (alors que la plupart des autres oiseaux en possèdent trois dirigés vers l'avant, et un, le pouce, dirigé vers l'arrière afin de pouvoir s'agripper aux arbres ou à tout autre perchoir). Pour cette raison, le martinet appartient à un ordre bien distinct, celui des apodiformes (« sans pieds »).

Mais cette particularité permet aussi au martinet une adaptation parfaite à la vie aérienne. Ce n'est pas un hasard si cet oiseau, qui tourne parfois au-dessus de nos villes, atteint des vitesses de l'ordre de deux cents kilomètres à l'heure. Cette hyper-spécialisation ne va cependant pas sans poser quelques problèmes. Premièrement, le martinet est incapable, à cause de la disposition de ses doigts, de s'accrocher à un fil électrique ou de se réfugier en cas de mauvais temps sur la branche d'un arbre. D'autre part, contrairement à l'hirondelle, le martinet, beaucoup moins souple, éprouve les pires difficultés à voler en rase-mottes.

Insectivore lui aussi, il ne peut capturer les insectes volants au ras du sol. Pour assurer sa survie, il était donc indispensable qu'il développe d'exceptionnelles capacités météorologiques. A ce niveau aussi il fait figure de perfectionniste et n'est pas loin de nous rappeler la précision de l'abeille.

Lors de la couvaison, le martinet, qui est un oiseau migrateur, se retrouve dans nos régions. Les orages ou les périodes de mauvais temps, hélas assez fréquents, sont pour lui un véritable calvaire. D'une part parce qu'il ne trouve plus de nourriture en altitude et d'autre part parce qu'il ne peut pas se poser, trouver refuge. Par son baromètre interne, en fait sa sensibilité aux variations de la pression atmosphérique, le martinet est informé des périodes de mauvais temps qui se préparent. Et si elles lui semblent trop difficilement supportables, il quitte la région menacée. Phénomène quasiment unique dans le monde animal, le martinet abandonne alors ses petits au nid. Tant que persistera le mauvais temps, il restera parfois à plusieurs centaines de kilomètres, dans une zone de haute pression. Il ne reviendra au nid que sûr d'y trouver le soleil.

Cet oiseau utilise de manière remarquable son pouvoir de prévision météorologique lors de ses migrations. Dans son livre *Les animaux savent vivre et survivre,* l'écrivain animalier allemand Vitus B. Dröscher nous livre un exemple du fonctionnement remarquable du baromètre interne des martinets lors de leur voyage vers le soleil.

L'histoire se passe à Zurich. Alors qu'il suit depuis le crépuscule un vol de martinets en route vers l'Afrique, l'observateur d'un écran de radar a soudain l'impression de perdre la tête. Au lieu de mettre le cap au sud comme ils le font les autres années, les oiseaux prennent la direction nord-ouest et font route vers Paris.

Quelques minutes après cette bifurcation inattendue, le bulletin météorologique de la radio annonce une violente dépression au-delà des Alpes, sur l'Italie du Nord. « Du coup, écrit Dröscher, le chercheur comprit ce que l'on disait dans un jargon de spécialistes : le martinet est capable grâce à un sens pour les variations de pression atmosphérique, d'entreprendre des vols cycliques. »

Les martinets en vol avaient compris, alors qu'ils survolaient une zone de beau temps, que quelques centaines de kilomètres plus au sud, les attendaient l'orage, la foudre et la pluie. En conséquence, ils avaient tout naturellement modifié leur itinéraire. Leur nouvelle route migratoire contournait la zone d'intempéries par la France, le nord de l'Espagne, la Méditerranée occidentale et la Tunisie.

Un tel comportement, le vol cyclique, est unique dans le monde des oiseaux migrateurs. Les autres oiseaux, en effet, prennent imperturbablement chaque année la même direction en fonction d'un déterminisme génétique, d'un comportement en partie inné, l'acquis n'intervenant que pour « arrondir les angles ». Lorsqu'ils rencontrent en chemin le mauvais temps, ils s'arrêtent tout simplement et se réfugient à terre, le temps d'attendre que la tempête se calme. Les martinets seuls réussissent l'exploit de prévoir la dépression et de la contourner sans rien perdre de leur sens de l'orientation. Ils rééditent le même exploit pour échapper aux tempêtes de sable du Sahara ou aux pluies tropicales d'Afrique centrale.

« *Quand les passereaux chantent la nuit, le vent du nord est annoncé.* »

(Languedoc)

La météorologie populaire admet en général que les oiseaux passériformes qui chantent la nuit annoncent le vent du nord et que « le passereau qui, seulet au matin, pipe » annonce pluie ou tempête. Mais les paysans ne se contentaient pas de telles généralités. Le code qu'ils ont élaboré minutieusement à force d'observations nous donne un luxe de détails, de prévisions plus ou moins sérieuses, plus ou moins fondées. Nous aurons ainsi l'occasion de constater que le chant des oiseaux revêt une importance considérable dans les dictons météorologiques.

> « *Une pie au printemps*
> *annonce le mauvais temps.* »

Les Etrusques, qui en avaient fait un attribut de Mars, considéraient déjà la pie comme une messagère de la pluie. Comme beaucoup de corvidés, Margot appelle chez nous les averses en jacassant plus que de coutume. Si au printemps une seule pie quitte le nid, mauvais signe. De même si nos bavardes volent à la queue-leu-leu. En se réunissant en petits groupes, elles présagent le vent. Mais tout n'est pas si simple dans le comportement de cet oiseau et c'est sans doute pour ne pas trop s'attirer les foudres de ses contemporains que, prudent, Jehan de Brie écrivait délicieusement :

« La pie ou agache est très malicieuse et, pour la pronostication, c'est une vraie sibylle ; mais tous les bergers ne comprennent pas son langage car, d'après sa façon de crier, elle annonce parfois le beau temps et parfois la pluie. » Voilà sans doute la raison pour laquelle en Bourbonnais, la pie qui jacasse le matin annonce le beau temps.

> « *Quand la corneille passe bas,*
> *sous l'aile elle apporte la glace.*
> *Quand elle passe haut,*
> *elle apporte le chaud.* »

La corneille n'est pas de très bon augure. Mais pour elle aussi, il faudra faire preuve de discernement. C'est en poussant un cri qui pourrait se traduire par « glaras, glaras » qu'elle annonce la pluie. La direction de son vol est aussi très étudiée. On sait par exemple que :

> « *Quand les corneilles vont vers le vent,*
> *il faut s'habiller jusqu'aux dents.*
> *Si elles vont devers la bise,*
> *il faut s'habiller en chemise.* »

> « *Les corbeaux qui croassent le matin*
> *marquent du beau temps.* »
>
> (Provence)

Le corbeau annonce aussi la pluie s'il vole bas, s'il croasse le soir, ou s'il croasse d'une voix rauque en battant des ailes. En allant vers la montagne, il va chercher le vent, vers la vallée, la pluie. Dans son livre *Vieux dictons de nos campagnes,* Bidault de l'Isle cite le cas d'un corbeau semi-apprivoisé qui avait pris l'habitude de dormir au sud-ouest, juste sous le porche d'une maison. Parfois, il désertait son refuge et allait au nord. Cette attitude singulière marquait toujours l'arrivée, quelques heures plus tard, d'une violente tempête venue du sud-ouest.

Diverses observations montrent que les geais fuient le mauvais temps. C'est pour cela que leur départ en groupe est un mauvais présage. Il semble par contre qu'il ne faille pas accorder trop de crédit à la croyance, très courante cependant, qui veut que les pies et les geais se querellent en faisant du vacarme avant la pluie.

Le verdier, ce petit oiseau à l'allure de moineau, indique la pluie en arrangeant ses plumes étincelantes de vert et de jaune et en les aplanissant avec le bec.

Les pinsons, arrivant en bandes l'hiver, précèdent toujours la neige. Comme la plupart des oiseaux, quand ils s'approchent des habitations, la pluie arrive. Mais c'est surtout le pinson des arbres qui doit retenir l'attention de celui qui entend se fier aux indications des animaux. De février à juillet, par temps sombre et humide, l'oiseau égrène interminablement les notes du même chant, son cri de pluie. En réalité, il s'agit plus exactement d'un cri de rut, car sa dépendance du cycle de reproduction est certaine. Plusieurs ornithologues de terrain nous ont confié avoir entendu ce cri de la pluie par temps instable.

Un rapprochement s'impose avec le paon, dont le cri perçant est interprété aux Indes comme Minhao, ce qui signifie « la pluie vient ! » Les chercheurs ont constaté que près de vingt-quatre heures avant l'arrivée d'un orage, cet oiseau ressentait une intense excitation sexuelle qui l'incite à pousser ce cri de parade amoureuse. Le cri de la pluie de notre pinson des arbres relève peut-être d'un phénomène similaire.

> *« Rouge-gorge chantant de bon matin*
> *présage du beau temps. »*
>
> (Bretagne)

Le sympathique rouge-gorge se plante aux cimes des arbres et chante avant l'arrivée du soleil. Que les nuages menacent, il aura tôt fait de regagner les buissons. Ses dons ne s'arrêtent pas là. S'il se tait alors que le soleil brille, la pluie est proche. Et s'il chante un soir d'été pendant la pluie, le beau temps ne saurait tarder.

Le merle court en criant le long des haies avant une période de froid, mais chante avant la pluie.

> *« Lorsque la grive se perche en haut*
> *des arbres*
> *c'est un présage de beau temps. »*
>
> (Bretagne)

Les avis sont partagés quant aux indications météorologiques fournies par la grive. On s'accorde à penser dans plusieurs régions qu'elle ne chante, l'ironique, que pour prévenir du mauvais temps. Dans les Vosges, on dit même qu'elle jette sa complainte de la cime des grands arbres. Mais les Bretons affirment quant à eux que ce chant annonce au contraire le beau temps. On peut, semble-t-il, s'en remettre plus sûrement à la grive draine qui par son chant rapide annonce dès le mois de janvier, et avec deux jours d'avance, les bourrasques, les giboulées et gelées de printemps. Les effets de ces intempéries sont redoutables proportionnellement à la hauteur où cet oiseau se perche.

*« Si les bergeronnettes trottent
sur les ruisseaux,
Ferme ta maisonnette,
il va pleuvoir à seaux. »*

L'auteur de ce dicton, au demeurant tout empreint de poésie, ne s'est pas véritablement... mouillé. En effet, deux des espèces des motacillidés, la bergeronnette des ruisseaux et la bergeronnette printanière, apprécient tout particulièrement l'eau. En outre, la bergeronnette a pour habitude de trottiner en balançant sa longue queue. « Les bergeronnettes qui trottent sur les ruisseaux » ne font que ce qu'elles aiment.

*« Les moineaux en piaillant annoncent
la pluie. »*

Les moineaux pépient et s'attroupent sur les toits avant le mauvais temps. En quittant l'arbre ensemble, les étourneaux laissent présager un grand froid ; en partant séparément, la pluie. Le chant mélodieux du rossignol, trouant les ténèbres, est un gage de beau temps pour le lendemain.

> « *Quand le coucou vient,*
> *le matin mou,*
> *le soir tout sec.* »

(Vivarais)

Connu surtout comme un messager du printemps, le coucou annonce aussi, par son chant, un jour mouillé, un jour sec. Cette prédiction n'a pas tellement de valeur. Elle s'explique par le fait que comme le coucou arrive en mars, il amène les giboulées. Il annonce également les averses en émettant une note aiguë au moment de s'envoler.

Le pivert est un des meilleurs exemples d'oiseaux annonçant la pluie par son chant. Les Anglais n'hésitent pas à affubler cet hôte des bois au plumage vert et au croupion jaune du sobriquet d'« oiseau de la pluie ».

Selon diverses légendes, le pivert implore la pluie, seule capable de le désaltérer. Cet oiseau fait tout simplement les frais de la punition que Dieu lui a infligée. Au moment de creuser la mer, les fleuves et les fontaines, le Créateur aurait en effet fait appel à tous les oiseaux. Tous se seraient mis à l'œuvre sauf le pivert. Le besogne achevée, Dieu intervint pour que le fainéant ne puisse jamais se désaltérer dans ces réservoirs terrestres. C'est pour cela que lorsque la soif le dévore, le pivert appelle désespérément la pluie. Cette croyance va à l'encontre de celle des Indiens de la prairie en Amérique du Nord. Ces derniers attribuent en effet au pivert le pouvoir de détourner la tempête et la foudre et emploient à cet égard ses plumes au cours de plusieurs cérémonies rituelles. Un petit échassier, le pluvier, doit son nom au fait qu'il annoncerait la pluie.

« *Le pigeon qui roucoule prédit
le beau temps.* »

(Ille-et-Vilaine)

Les pigeons perçoivent nettement les variations de pression atmosphérique qui précèdent un changement de temps. La preuve en a été donnée par un Américain, le professeur William T. Keaton. Après avoir installé des pigeons voyageurs dans une chambre à pression, celui-ci les a conditionnés à appuyer sur un levier dès que la pression de l'air atteignait un certain degré. Il va sans dire que le dressage a parfaitement réussi. Cette réceptivité met en garde le pigeon contre les moindres orages, mais lui sert aussi vraisemblablement d'altimètre lorsqu'il vole au-dessus des nuages.

Rien d'étonnant donc à ce que, comme l'affirment de nombreux dictons, les pigeons s'empressent de regagner le pigeonnier avant la pluie et qu'ils se poursuivent en roucoulant et gagnant les montagnes avant le beau temps. La tourterelle adopte un comportement similaire et quand elle roucoule lentement le soir, c'est qu'il fera beau le lendemain.

Le vanneau huppé, ce petit échassier de plus en plus courant en France, fait lui aussi figure d'oracle météorologique fiable. On estime généralement qu'arrivant en bande du Nord-Ouest à l'arrière-saison, le vanneau précède de quarante-huit heures une importante vague de froid.

Le cri du butor est entendu de très loin. Aigu, il annonce le beau temps ; sourd, la pluie. Mais comme le butor est un oiseau qu'on ne voit que rarement, mieux vaut s'en remettre au héron son cousin. S'il vole contre la bise : grand froid ; s'il vole contre le vent d'aval : pluie. Précision ultime enfin : si à son retour il se pose à proximité du lieu d'où il est parti, le temps qu'il vient de prédire est pour bientôt.

Les grues et les cigognes arrivant du Sud-Ouest au début du printemps précèdent les bourrasques. La pluie ne saurait tarder si elles se mettent à voler très haut en criant.

La perdrix qui s'ébat dans la poussière prévient le chasseur de l'imminence d'une ondée. En chantant au coucher, elle indique du beau temps pour le lendemain et de la pluie pour le surlendemain. Les nemrods ont parfois l'imagination délirante. Tartarin est des leurs...

« Si les chouettes font entendre leur gémissement au crépuscule, il fera beau. »
(Bretagne)

Les rapaces laissent apparaître un net sentiment d'inquiétude avant l'orage. Dans le Bourbonnais, on dit qu'ils planent devant lui, et semblent le précéder. Cette faculté leur vaut d'ailleurs le surnom de « meneux de rangs ». Le milan crie avant la pluie en émettant quelques « hui, hui, hui ». La buse plane lentement et crie. Quand on surprend le soir le ululement du hibou, le beau temps est de retour. Mais c'est sans contestation la chouette qui fait preuve du plus de clairvoyance. Pluie si elle ulule au coucher du soleil. Vent si elle chante d'en haut. Retour du beau temps si elle « miaule » pendant la pluie...

Pour confirmer ce que lui auront dit les oiseaux sauvages sur le temps à venir, le météorologue pourra toujours se tourner vers la basse-cour. Il constatera notamment que le mauvais temps sème la panique chez les canards. Avant qu'il ne s'installe en effet, ces derniers plongent et replongent sans cesse dans l'eau, crient et battent des ailes. Les oies ont les mêmes réactions.

*« Si les poules restent sous la pluie
Celle-ci n'est pas de sitôt finie. »*

Parfois, par beau temps, les poules se rassemblent à l'entrée des poulaillers. Là, consciencieusement, elles fouillent de leur bec leur plumage ébouriffé. Ce comportement annonce la pluie. L'augmentation du taux de l'humidité de l'air qui la précède rend en effet plus inopportuns les nombreux parasites qu'abritent les ailes des gallinacés. C'est la même raison qui les pousse parfois à se rouler dans la poussière avant l'orage.

Lorsque, pendant l'ondée, les poules restent patiemment au poulailler, serrées les unes contre les autres, la pluie n'est pas passagère. Mais au contraire, si elles continuent à s'ébattre dehors comme si de rien n'était, c'est que le mauvais temps persistera. Les poules savent alors qu'elles n'auront pas la patience de tenir en place longtemps et font contre mauvaise fortune bon cœur.

> « *Si le coq chante le soir,*
> *c'est signe qu'il va bientôt pleuvoir.*
> *Si le coq chante à midi,*
> *signe d'un temps de paradis.* »

Pour ne pas ruiner sa réputation légendaire de complice du soleil, le coq se devait de faire bonne figure au sein des animaux-météo. Son chant donne lieu à de multiples interprétations. S'il chante souvent, le temps va changer ; s'il chante à midi, signe d'un « temps de paradis » ; mais, « que le coq chante le soir, c'est signe qu'il va bientôt pleuvoir ». Les croyances sont très nombreuses, mais les dictons qui les véhiculent font plus appel à la rime qu'à la raison.

On s'est longtemps interrogé sur le fait que « si le coq boit en été, la pluie n'est pas loin ». D'apparence délirante, ce dicton est pourtant le plus fiable de ceux concernant le chef de la basse-cour. Mais c'est le coq qui surplombe les clochers qui est ici mis en cause. Il est couramment admis que quand la brume est en hauteur, la pluie viendra bientôt : « Brume qui ne tombe pas donne la pluie en bas. »

De tous les animaux, les mammifères sont les météorologues les moins perspicaces. Comparativement aux insectes ou aux oiseaux, on trouve, dans les codes de météorologie populaire, peu de mentions de mammifères-météo. Cela s'explique aisément. Généralement plus grands, plus vigoureux, ces animaux ont moins à craindre des intempéries. Une pluie d'orage ne les menacera jamais de mort. Ils n'ont donc pas eu besoin de développer excessivement leur instinct-météo, de l'entretenir. Seuls les petits mammifères disposent de quelques facultés.

« *Les taupes poussant,
Le dégel n'est pas loin.* »

On sait par exemple qu'avant le mauvais temps, les taupes exhaussent leurs monticules, et font preuve d'une ardeur peu commune. En fait, elles suivent les vers de terre et les insectes souterrains que l'humidité ambiante incite à remonter en surface.

Dans plusieurs régions, les mulots et les campagnols sortant de leur galerie sont un pronostic de pluie. Ils sauvent ainsi leur vie, car les pluies violentes représentent, on s'en doute, pour eux, un grand danger. Elles détruisent leur habitation et mettent en péril leur portée. L'instinct météo de ces rongeurs fait figure de nécessité.

Dans son *Mirouer de l'air* paru en 1548, Antoine Mizault donne un bon aperçu des astuces utilisées au XVIe siècle pour prévoir le temps. C'est très élégamment qu'il évoque le rat et la souris : « Rats et soris, oultre coustume, haultement sifflants, et par petits troppeaux hors de leurs creux et cachettes sautelants ; en oultre de pailles brisées, ou semblables choses, petites couchettes se préparant : ont à noz ancestres témoignages de pluie souvent annoncé. »

On estime encore de nos jours que les rats « frétillent » plus que de coutume avant le mauvais temps.

La chauve-souris, que les Mayas considéraient comme annonciatrice de la pluie, annonce un lendemain beau et chaud en volant le soir plus longtemps qu'à l'ordinaire. Mais si ce mammifère ailé sort avant la nuit, la pluie est à redouter.

Une belette traversant le chemin présage du mauvais temps.

Avant qu'il ne quitte nos régions, le loup était probablement très écouté des bergers et des paysans. Si, solitaire, il approchait en hurlant des maisons, il prédisait la pluie.

Les possibilités météorologiques des mammifères sauvages ne sont guère plus étendues. Dans nos régions tout au moins.

Transportons-nous en Afrique du Sud, au Zoulouland. Vers les années 1940, sévissait en cette contrée un mystérieux hippopotame faiseur de pluie. L'histoire mérite d'être contée.

Alors qu'une sécheresse sans précédent ravageait le Zoulouland, un hippopotame de trois tonnes quitta un jour sa rivière natale pour parcourir le pays. En deux ans et demi, Hubert, comme on l'avait surnommé, parcourut plus de quinze cents kilomètres. L'animal progressait à raison de deux kilomètres par jour, et partout, deux ou trois heures après son passage, la pluie tant attendue tombait. Pour faciliter ses déplacements, les fonctionnaires avaient reçu l'ordre de leur laisser progresser en toute tranquillité. Les Zoulous, qui le considéraient comme une incarnation du dieu de la pluie, lui offraient lors de son passage légumes et autres gâteries.

Hubert périt hélas comme un vulgaire hippopotame, d'une balle dans la tête. Les policiers ne retrouvèrent jamais l'auteur de cet assassinat. Le mystère de l'hippopotame faiseur de pluie reste total.

En Afrique toujours, le voyageur pourra juger des étonnantes facultés à prévoir le temps dont dispose un autre animal, tout

aussi impressionnant. Il ne s'agit pas d'un mammifère cette fois mais du *Crocodilus niloticus,* le plus commun des crocodiles africains. Cet animal est capable de prévoir l'arrivée d'une vague de froid avec quatre jours d'avance. Pour lui, la prévision du temps est une nécessité, et c'est probablement pour cette raison que sa sensibilité aux variations de pression atmosphérique est aussi développée. Lorsqu'il fait froid, ce délicat reptile souffre de maux d'estomac. Les proies dont il se nourrit sont de bonne taille, et pour digérer un pélican ou une cuisse d'antilope, il lui faudra quatre à six jours de beau temps. Si un coup de froid survient pendant la digestion, l'estomac de cet animal à sang froid se transformera en réfrigérateur et lui occasionnera de vives douleurs. Rien d'étonnant par conséquent que parfois, même en période de très beau temps, le crocodile du Nil affamé dédaigne la plus séduisante des proies. Il possède en lui une horloge-météo qui le met en garde, plusieurs jours à l'avance, en lui indiquant le moindre changement de temps. La plus faible baisse de pression atmosphérique est infailliblement enregistrée. Nécessité fait loi !

Alors, si d'aventure, au détour d'un marigot, vous croisez une de ces charmantes bestioles affamée, il ne vous reste plus qu'à espérer que le temps ne tardera pas à se gâter.

Les mammifères domestiques semblent mieux inspirés que leurs cousins en liberté. Vivant plus près de l'homme, en contact permanent avec lui, ils ont sans doute bénéficié d'une observation plus rigoureuse. Mais les pronostics qu'ils sont censés fournir relèvent souvent du folklore et il est difficile dans la plupart des cas d'en donner une explication rationnelle. Parfois cependant, ils sont vérifiés, sans être compris.

Pourquoi aurions-nous réponse à tout ?

« Lorsque les bêtes à cornes reniflent la pluie est proche. »

(Vosges)

La pluie est à prévoir si le bétail a meilleur appétit que d'habitude. Quand par temps chaud, les bêtes à cornes bondissent la queue dressée ou quand elles reniflent furieusement, on peut s'attendre à de l'orage. Le bœuf fait preuve de la même excitation et lève la tête, les narines ouvertes ou se lèche à rebrousse-poil. En Andalousie, les éleveurs de taureaux prévoient le temps d'après leurs animaux. Ceux-ci « sentent » venir l'orage plusieurs heures avant les hommes. Ils s'acharnent les uns contre les autres, s'emmêlent les cornes au cours de combats dont l'issue est parfois fatale. Cet état de nervosité est probablement dû à une réceptivité particulière aux variations de la pression atmosphérique.

Faut-il croire que les bovins, par beau temps, annoncent l'imminence d'un changement de temps en se couchant paisiblement ? L'explication que certains observateurs ont donnée de cette attitude ne manque pas d'humour. C'est par crainte de ne plus trouver d'endroit sec après la pluie que les bœufs et les vaches occupent ainsi le terrain...

« Quand les vaches sont couchées toutes du même côté, il fera mauvais. »

Plus sérieusement, on peut admettre que les vaches qui courent en tous sens dans les pâtures, qui cherchent à s'enfuir du côté de l'étable, créant ainsi la débandade au sein des troupeaux, annoncent l'orage. Ces malheureuses réagissent, comme nous, aux redoutables assauts des insectes piqueurs, particulièrement actifs en cette période. Il arrive même que pour désarmer l'ardeur des mouches et moustiques, les vaches s'enfoncent dans les fourrés les plus épais, au grand désespoir de leur propriétaire. Les vaches nous renseignent encore en meuglant et en léchant les murs avant le mauvais temps.

De même, il est de mauvais augure qu'elles soient toutes couchées sur le même flanc.

Les vaches annoncent aussi le temps par la quantité de lait qu'elles donnent. Les études les plus sérieuses l'ont montré de manière éclatante, mais la science est pour l'instant incapable de fournir une quelconque explication de ce phénomène. Mais point n'est peut-être besoin de l'expliquer. L'important est de savoir qu'avant le mauvais temps, les vaches sont moins généreuses. Les chercheurs américains ont montré en 1969 que cette réduction de la lactation est tout à fait dépendante du déplacement des régions de haute pression.

La façon dont la vache agite la queue permet aussi au paysan d'en savoir long sur le temps qui se prépare. Cette croyance de nature on ne peut moins folklorique est à l'origine d'un épisode cocasse, survenu au Texas.

En 1975, un fermier de Huntsville s'était mis en tête de prouver que les queues de vaches et les naseaux de porcs étaient de bien meilleur conseil que les coûteux appareils des experts météo. John Mac Adams avait donc lancé un défi à un météorologiste officiel réputé, Irwin Bolbrecht. Les deux hommes s'étaient mis d'accord pour donner, trois fois par semaine, leurs prévisions météorologiques, à partir d'un endroit où avait été installé le matériel du scientifique. Le duel s'était livré sous l'arbitrage du directeur des services publics de la ville. Il va sans dire que le fermier remporta une victoire éclatante en atteignant presque les 100 % de réussite. Irwin Bolbrecht ne devait se contenter que d'un modeste taux de bonnes prévisions. L'histoire ne précise pas la manière, certainement plus rationnelle, dont s'y était pris le fermier texan pour ridiculiser son concurrent.

Avant la tempête, les porcs transportent de la paille dans leur abri, alors qu'ils s'enfuient en grognant pour annoncer l'orage. De même, « si les pourceaux sautent, c'est signe de mauvaix temps ».

Les chevaux ruent intempestivement pour prévenir d'un temps froid et humide, alors qu'ils se contentent de renifler bruyamment avant la pluie. Quant aux ânes, ils secouent la tête pour dire qu'une période de beau temps se termine. Mais ne secouent-ils pas la tête à longueur de journée ? « Ane qui brait : pluie et vent », « Ane qui brait et saute : pluie. »

En été, les agneaux et les béliers se choquent la tête à l'approche d'un orage. Folâtres avant la tempête, les moutons sautent avant la pluie, et se serrent en groupe pour faire face à une période de froid. Quant à la chèvre, c'est de sa voix aiguë qu'elle annonce le mauvais temps. Si elle broute sans cesse et mange avec avidité, la pluie n'est pas loin. Il a été maintes fois constaté en effet qu'à ce moment-là la chèvre s'attaquait davantage aux jeunes rameaux, en se dressant même sur les pattes arrière. Avant la pluie aussi, comme l'affirment divers dictons, elle cherche à s'abriter tout simplement...

Le chien et le chat sont bien entendu les deux animaux auxquels les traités de météorologie populaire ont accordé le plus de facultés météorologiques. En réalité, c'est surtout parce qu'ils étaient des familiers de la maison que l'imagination populaire a trouvé en eux un terrain propice. Il semble cependant qu'il faille adopter les « trucs » qui suivent avec prudence et discernement.

*« Lorsqu'un chat fait sa toilette,
s'il ne se frotte pas le nez
signe de beau temps,
mais s'il passe sa patte par-dessus l'oreille,
signe de pluie. »*

(Ille-et-Vilaine)

Dans certaines civilisations, le chat et la sécheresse entretiennent des relations privilégiées. Ainsi, au Cambodge, on transporte un chat en cage de maison en maison afin d'obtenir la pluie. Chaque villageois arrose copieusement l'animal dont les cris perçants émeuvent Indra, qui dispense alors l'ondée fécondante.

Chez nous, le chat annonce le mauvais temps de diverses manières. Il se « débarbouille » plus que de coutume ; prudent, il recherche la proximité du feu ; il mange de l'herbe. Mais il sait être plus précis dans son pronostic. Mizault remarque ainsi que « le chat sa teste et surtout la nucque du col, de ses pattes moillées, comme s'il se peignoit ou lavoit, longtemps frotte : signe de pluie très évident et mille fois esprouvé ». Pour la pluie, il s'assied derrière une vitre et se lèche l'arrière-train, ou fait maintes cabrioles. Mais c'est surtout quand il se passe la patte derrière l'oreille qu'il crève les nuages. Ray Tercafs, l'auteur d'un article publié par une revue animalière il y a une dizaine d'années, raconte cependant avoir déjà pris notre compagnon félin en flagrant délit d'erreur. « En plein Sahara, écrit-il, nous avions avec nous un jeune chat qui, par sa façon de se laver, annonçait pluies, orages, inondations, déluge et autres calamités aquatiques. A l'endroit où nous nous trouvions, il n'avait cependant pas plu depuis trois ans. Peut-être notre chaton annonçait-il le temps très longtemps à l'avance ou bien voulait-il parler de la France où il était né ? »

On croit dans les Vosges que si au mois d'octobre le chat allonge les pattes de derrière pour « tirer en bas ses oreilles », il appelle la neige. Il peut aussi tout simplement tourner le dos au feu.

Avant la tempête, il passe la patte sur la tête. En Provence, on dit que « s'il se frotte l'oreille, le mistral se réveille ». « Quand les chats sautillent et badinent, c'est la cisampe (vent des Alpes), qu'ils devinent. » La nervosité du chat avant l'arrivée du vent trouve une explication qui, si elle ne convainct guère, amuse. En courant par temps sec, le chat chargerait sa fourrure d'électricité. Les petites décharges qui peuvent alors se produire au contact de certains objets sont à l'origine d'un énervement bien compréhensible. Toujours avant la tempête, le chat fait ses griffes sur les tissus et grimpe aux rideaux. Certains ne manqueront pas de faire remarquer que la tempête qu'il annonce alors correspond à la furie de son maître, qui ne tardera pas à lui administrer quelques corrections.

Le chat pronostique enfin le beau temps en ronronnant spontanément. Ou en faisant de tout petits yeux. Le soleil est encore annoncé si, au cours de sa toilette, notre félin ne se frotte pas le nez.

> *« Avant l'ouragan, le chien a le museau en l'air. »*
>
> (Vosges)

Curieusement, le chien, alors qu'il est associé dans le calendrier à la canicule (encore appelée constellation du chien, et dont le nom vient du latin *canis,* chien), ne prévoit que du mauvais temps. Ce qui explique probablement l'expression « un temps de chien ». Pour annoncer la pluie, il flaire le vent museau en l'air, mange de l'herbe et cache ses os. Un ventre de chien qui gargouille est aussi un bon indice de pluie.

A l'approche du vent, ou du mauvais temps, il montre encore des signes de nervosité et se roule à terre. Il semblerait que les variations de pression atmosphérique agissent sur les gaz qui s'échappent du sol. Le chien, à l'odorat très sensible, réagit à ces phénomènes et laisse sourdre son inquiétude. Ce qui explique aussi qu'avant l'orage, il gratte le sol, renifle un peu partout ou se blottisse dans sa niche ou son panier.

Les animaux usent d'une multitude d'artifices pour nous prévenir du temps. Il suffit pour les comprendre de les regarder. Et même si la raison ne guide pas toujours leurs prétendues prévisions, acceptons-en l'augure. En gage de poésie.

L'animal-baromètre à l'usage des marins

Les marins n'ont pas attendu les satellites pour braver l'océan. Sans radio, sans satellite, Irlandais, Bretons, Groenlandais et Normands sillonnaient déjà les routes maritimes. Pour eux, la prévision du temps était pourtant capitale. Comme nos ancêtres paysans, les gens de la mer, dès l'Antiquité, ont observé le ciel, le soleil, la lune, les animaux. Leur traité de météorologie marine est peut-être encore plus fiable que celui élaboré par les terriens. Sur mer en effet, il fallait laisser le moins de prise possible au hasard, car c'était bien la vie des équipages qui était continuellement en jeu. Cela n'exclut pas pourtant l'existence de quelques « trucs » plus folkloriques que météorologiques comme nous aurons l'occasion de le constater.

Contrairement aux terriens, les marins, les pêcheurs, les plaisanciers ont moins oublié les recettes populaires permettant de prévoir le temps. Nous nous en sommes rendu compte lors d'une enquête menée pour les besoins de ce livre. Nous avons envoyé à de nombreuses publications (revues maritimes, quotidiens régionaux diffusant sur une façade maritime) le communiqué suivant :

« L'animal, baromètre du marin ?

Autrefois, les marins s'en remettaient aux animaux pour prévoir le temps qu'il allait faire (...). Parmi les prévisions qu'ils tiraient certaines tenaient tout simplement du folklore. Mais d'autres par contre étaient basées sur des observations pleines de bon sens. Aujourd'hui, les stations météorologiques diffusent quotidiennement des bulletins très précis. Mais a-t-on pour autant oublié les secrets des gens de mer ?

Connaissez-vous des marins, des pêcheurs, des plaisanciers qui s'y réfèrent ? Y croyez-vous ? Tout élément, même s'il vous paraît anodin, sera le bienvenu. »

Des dizaines de lettres sont parvenues, de marins, de capitaines au long cours, de plaisanciers. De nombreux correspondants nous ont affirmé avoir encore recours aux animaux pour prévoir le temps lorsqu'ils sont en mer. Certains témoignages ont valeur d'exemple, et nous ne manquerons pas de les mentionner.

La persistance en mer de procédés empiriques pour prévoir le temps n'est guère étonnante. La météorologie marine, celle des scientifiques, est encore plus défaillante que celle transmise aux terriens. De fait, la prévision scientifique du temps en mer est d'une réelle complexité. La météo nous fournit bien sûr des données intéressantes en ce qui concerne la situation du temps en général. Mais il lui est impossible de donner des renseignements valables pour un secteur maritime parfaitement délimité. Le coup de vent qui surviendra précisément sur la route de tel ou tel chalutier ne pourra être prévu par les stations météo. Et même si la science météorologique s'affine au point de pouvoir réaliser cet exploit, subsistera toujours un obstacle de communication. On imagine difficilement des stations capables d'informer personnellement chaque marin sur le temps auquel il devra faire face en fonction de son itinéraire. L'information fournie par les satellites ne sera pour le marin qu'un complément de ce qu'il pourra déduire de son bateau en regardant les animaux.

*« Poissons sautant hors de l'eau,
la pluie pour bientôt. »*

(Finistère)

Les poissons sont les premiers à renseigner les marins, les pêcheurs surtout, sur l'état du temps à venir. Tous les pêcheurs savent qu'avant un orage ou avant la pluie, les poissons « mordent comme des enragés », effectuant même parfois de véritables sauts hors de l'eau. On dit en Bretagne que les poissons « se promènent sur l'eau », ou bien qu'ils deviennent « poissons d'écume » puisqu'ils se montrent sur les flots. L'attitude des poissons sautant hors de l'eau s'explique assez facilement et correspond en réalité à celle des hirondelles qui volent bas avant l'orage. L'humidité qui précède tout orage alourdit en effet les ailes des insectes volants, et les plaque à la surface de l'eau (du sol pour les hirondelles). Dans ces conditions, les poissons ne tardent pas à refaire surface et à bondir hors de l'eau pour capturer quelque nourriture. Pour les poissons et les oiseaux, les mêmes effets ont les mêmes conséquences. Tout dépend de la hauteur à laquelle on se situe.

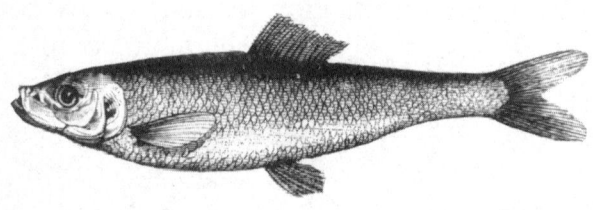

Mais une deuxième raison incite les poissons à se rapprocher de la surface. Elle provient du fait que les variations de pression atmosphérique modifient la concentration en oxygène dissous du milieu aquatique. Selon que la pression est basse ou élevée, les poissons montent en surface, ou se main-

tiennent en profondeur. Ainsi se trouve confirmé le dicton qui veut que « quand le roué de mer bat de la queue sur l'eau, c'est un présage de vent ».

Certains poissons sont en relation avec les phénomènes électriques. C'est ainsi que dans certaines régions, l'alose, ce poisson migrateur proche du hareng, est surnommé le « craint-foudre ». Plusieurs observateurs ont constaté en effet que le bruit du tonnerre l'effrayait, et qu'il s'empressait de regagner les profondeurs dès qu'il l'entendait. D'autres bruits lui sont paraît-il plus agréables. C'est ainsi que les pêcheurs l'attiraient autrefois en attachant à leurs filets des arcs de bois garnis de clochettes.

Difficile par contre d'expliquer ce qui pousse les pêcheurs méditerranéens à affirmer que « Quand le grondin gronde, il faut rentrer au port. » De même, c'est sans doute le goût de la rime qui a fait que :

« Requin qui perd la tête, tempête,
Requin qui se défend, grand vent. »

Les habitants des Bermudes utilisent de l'huile de requin pour prévoir l'arrivée des cyclones. Placée dans un récipient, cette huile laisse bien vite apparaître un dépôt. Deux ou trois jours avant un cyclone, ce dépôt se met en mouvement et prend la forme d'un cône. En outre, la pointe de ce cône indique, paraît-il, la direction d'où viendra le cyclone. Un marin français, ayant ramené un gadget basé sur le même principe, nous a affirmé qu'avant un vent violent, une tempête, le dépôt huileux se mettait effectivement en mouvement.

Les autres habitants des mers, mollusques, crustacés, échinodermes, ont aussi leur mot à dire en matière de prévision météorologique. Généralement petits, ces animaux vivant, pour beaucoup, à proximité du rivage, sont très sensibles à l'action du vent et aux tempêtes, qui risquent de les entraîner loin des rochers où ils se plaisent. Quelques-uns prennent donc leurs dispositions afin d'éviter de telles mésaventures. Les conques, par exemple, s'accrochent aux rochers avant la tempête. Les crabes, quant à eux, saisissent selon la légende des pierres entre leurs pinces, ou s'enfoncent dans le sable. La pieuvre annonce aussi le grand vent en se réfugiant au fond de la mer et en s'attachant fermement aux petits rochers. On pensait aussi autrefois que dès qu'une tempête approchait, certains mollusques se réfugiaient au plus profond de leur coquille. Bizarrement, la seiche adoptait selon Plutarque un comportement paradoxal : « Avant l'ouragan, promettait-il en son temps, elle paraît à la surface. » Cette croyance était encore vivace il y a quelques dizaines d'années, chez les marins anglais.

Les oursins semblent faire preuve de beaucoup d'ingéniosité avant la tourmente. Selon certains, ils s'enfoncent dans la boue ou s'efforcent de couvrir leur corps de sable. Il semble qu'à leur sujet, Plutarque dans son livre *Quels animaux sont plus avisés que ?* ait quand même sacrifié au prodigieux en leur accordant un comportement exemplaire : « Quand ils sentent qu'il doit avoir tempeste et tourmente en la mer, écrit-il, ils se chargent eux-mêmes avec des petites pierres, de peur qu'ils ne soient renversés et jettez çà et là par les flots de la mer, et demeurent fermes en leur lien, par le moyen de l'estage de ces petites pierres dont ils se chargent. » Il est intéressant de remarquer que les oursins fossiles communs dans les régions autrefois occupées par la mer, ont donné lieu à maintes hypothèses quant à leur provenance. On croyait notamment qu'ils étaient tombés du ciel, avec la foudre, et on les appelait « les pierres de la foudre ».

Si certains animaux se cachent pour fuir le mauvais temps, il est logique en contrepartie que leur apparition présage un temps calme. L'argonaute, un petit mollusque céphalopode, passe ainsi pour annoncer les vents doux. Son apparition pendant une tourmente est le signe le plus évident que le calme va bientôt revenir, que la tempête est sur le point de s'apaiser. De même, on considère, sur les côtes de la Manche, l'apparition de tortues de mer au cap Fréhel comme le présage d'une assez longue période de beau temps.

Faut-il accorder quelque importance à ces prévisions météorologiques fournies par les petits de la mer ? Sans les désavouer, il convient de rester prudent. Les coquillages, les mollusques ne prévoient pas vraiment la tempête. Ils ne font qu'adopter un nouveau comportement quand elle est là. Mais leur fragilité leur permet sans doute de savoir, bien avant nous, le moment de son arrivée. Mieux vaut quand même s'en remettre aux mammifères marins.

Dans son livre *Les animaux savent vivre et survivre*, Vitus B. Dröscher raconte comment les morses, ces gros balourds de la banquise, sont devenus, en 1970, les météorologues les plus écoutés des pêcheurs du nord de l'Union soviétique. Cette année-là, au mois de juin, loin de s'être fendue, la glace empêchait toute tentative de sortie le long des côtes sibériennes. Les briseurs de glace ne s'y risquaient même pas, et les météorologues excluaient toute possibilité d'amélioration.

C'est alors qu'un vieux loup de mer des régions arctiques affirma, après s'être présenté aux autorités, que les navires pouvaient s'apprêter à lever l'ancre. La glace, selon lui, serait brisée avant dix jours et les indications scientifiques ne valaient rien. Naturellement, personne ne l'écouta. Pourtant, dix jours plus tard, le dégel commençait, prenant de court tous les pêcheurs. Le vieux marin fut pressé de répondre aux questions de tous ceux qui n'avaient pas tenu compte de ses prévisions.

En réalité, le loup de mer s'en était tout simplement remis à l'observation des troupeaux de morses. Ayant survolé la banquise en hélicoptère, il avait remarqué que d'imposants troupeaux s'étaient installés au milieu de la glace. Par expérience, il savait que ces colosses moustachus ne prenaient leurs quartiers d'été qu'assurés de voir dix jours plus tard la banquise s'éclater, afin qu'ils puissent ainsi pêcher normalement à partir de leurs îlots de glace.

Malgré la défaite cinglante qu'ils venaient de subir, les autres pêcheurs ne se satisfirent pas de cette explication, incapables d'admettre que des morses puissent ridiculiser les savants de la centaine de stations météorologiques qui garnissent la côte sibérienne. L'année suivante, un concours fut organisé, qui opposait les scientifiques au vieux loup de mer et ses morses. Vainqueur ? Le loup de mer évidemment, qui rééditera une troisième fois son exploit l'année suivante. Il fallait bien se rendre à l'évidence : la sagesse populaire l'emportait sur la science.

Depuis, les météorologues soviétiques ont révisé leur point de vue, et l'observation systématique des troupeaux de morses fait partie des données importantes permettant de prévoir l'état de la banquise située au nord de l'URSS. Mais nul ne sait encore ce qui guide aussi sûrement les morses.

De telles aventures doivent nous inciter à la prudence comme à nous garder de tourner en ridicule ce que nous ne comprenons pas. Il nous apparaît ainsi difficilement croyable que les marsouins puissent prévoir le temps. Pourtant de nombreuses croyances font état, dans diverses régions du globe, des facultés prémonitoires de ce petit cétacé commun dans les eaux de l'hémisphère nord.

Le comportement du marsouin, longtemps considéré comme un poisson, a été longuement observé par les marins du monde entier. Les pronostics qu'ils ont tirés de ses agissements sont parfois totalement contradictoires. Force nous est donc d'admettre que les marsouins ne parlent pas tous la même langue... Ou que la météorologie par l'observation des animaux est encore une science qui se cherche.

> *« Marsouins sautant*
> *annoncent le vent. »*

Les Danois pensent que les marsouins qui soufflent annoncent la tempête. Pour de nombreux marins, en jouant sur la mer, ils présagent aussi le mauvais temps. C'est pour cette raison d'ailleurs que leur présence à proximité des bateaux est de mauvais augure. Cette impression de jeu et de gaieté que la tempête prochaine semble engendrer chez ces animaux est clairement exprimée par les matelots français qui considèrent encore aujourd'hui que « jamais ils ne caracolent plus joyeusement ». Ravenscroft fait allusion à ce comportement dans un passage de *Canterbury Guest* quand il écrit :

« Mon cœur commence à sauter et à jouer comme un marsouin avant la tempête. »

D'une manière générale, on pense que les marsouins se rapprochant du rivage et bondissant hors de l'eau, à la poursuite de quelque mulet, annoncent le gros temps. Les Ecossais disent que quand les marsouins se roulent sur la mer, la bise est proche. Mais les Bretons contestent ce pronostic. Pour eux, en sortant de l'eau, le marsouin dit le beau temps.

On prend aussi conseil auprès du marsouin pour savoir d'où viendra le vent. Si d'aventure, un marsouin file bien droit, dans une direction bien déterminée, on dit alors « qu'il va chercher le vent ».

Autrefois, on consultait également les baleines pour la prévision du temps. Leur raréfaction est telle aujourd'hui qu'on ne peut plus guère s'y référer. Au train où est menée leur extermination, c'est à l'état de fossile qu'elles nous donneront peut-être leur avis sur la météo dans quelques années.

Les baleiniers estimaient qu'avant la tempête, la baleine manifestait quelques signes d'inquiétude et s'agitait anormalement. Comme si un coup de vent pouvait effrayer ces placides mastodontes. « Sauts de baleine, grosse bise prochaine ». L'avertissement était pris très au sérieux et l'on pouvait même prévoir l'intensité de la tempête promise. Il suffisait pour cela de mesurer la hauteur des sauts. Plus ils étaient élevés et plus le grain serait violent.

Le dauphin est lui aussi particulièrement sensible aux changements de temps. Selon certaines études menées en Union soviétique, l'homme de la mer, comme on l'appelle de plus en plus souvent, est capable de prévoir la venue d'une tempête avec vingt-quatre heures d'avance. Le dauphin réagit en fait au « son » de la tempête, qu'il perçoit bien longtemps avant nous. Les delphinidés

sont, il est vrai, très sensibles aux vibrations engendrées par les ondes de basse fréquence, inaudibles pour l'oreille humaine. Très performant, le système acoustique du dauphin reste inégalé. Ce système auditif étonne tout d'abord par le développement exceptionnel de la cochlée, qui constitue l'organe même de l'audition. Indépendant du crâne, ce récepteur autonome fonctionne sans risque d'être perturbé par les variations de la pression hydrostatique. Ces différentes particularités témoignent d'une perception très au point. C'est ainsi que l'on a constaté que le dauphin pouvait entendre dans une bande de fréquence allant jusqu'à 80 kilohertz, et même plus.

Prévoir la tempête fait figure de nécessité pour la plupart des cétacés. Ces animaux utilisent pour explorer l'univers qui les entoure un système d'écholocation. Le dauphin émet un bruit et analyse l'écho qui lui en revient avec une telle précision qu'il sait exactement ce qui se trouve dans son entourage. On parle du système sonar du dauphin. Ce dispositif hyper-sophistiqué est aussi très fragile. C'est ce qui explique qu'assez souvent, des dauphins s'échouent sur les plages et meurent asphyxiés. Cet accident est presque toujours le fait d'un mauvais fonctionnement, d'un dérèglement du sonar. Et ce dérèglement se produit notamment lorsque les conditions météorologiques sont mauvaises.

On a constaté ce phénomène en 1972, lors de l'échouage en Nouvelle-Zélande de cinquante-neuf cachalots. Le 18 mars, cette année-là, les habitants sont les témoins d'un tragique spectacle. De 5 heures à 6 heures du matin, un banc de cachalots vient s'échouer sur la plage. Fait marquant : cet échouage collectif avait été précédé, entre 2 h 30 et 4 h 30 du matin, d'un violent orage. Tenant compte de cet élément, deux jeunes scientifiques, Robson et Van Bree, ont alors entrepris des recherches sur deux autres échouages collectifs survenus en 1966 et en 1969 à peu près au même endroit. Ils établirent que le premier avait été précédé d'un orage électrique très intense, et le second d'un changement de temps inattendu. Ces conditions spéciales doivent dérégler le sonar des dauphins et de tous les delphinidés, qui payent ainsi la rançon du perfectionnement. On comprend donc que les cétacés à dents[1] aient intérêt à prévoir le temps. Ils n'y réussissent pas toujours cependant, puisque des accidents spectaculaires subsistent.

L'un de nos correspondants du Morbihan a pu constater le bien-fondé de la croyance qui veut que les dauphins prévoient la tempête. Alors qu'il passait ses vacances, en juillet 1977, en Loire-Atlantique, il organisa un jour pour sa famille une sortie en bateau. La station météo de Saint-Nazaire avait été formelle : le temps serait beau, la mer peu agitée avec un vent de force 2 à 3 et une visibilité excellente. L'évolution pour les vingt-quatre heures était selon la station tout aussi favorable.

Alors qu'il longeait la côte en direction de Saint-Brévin, Jean-Pierre Friess remarqua à quelques mètres de son bateau une dizaine de dauphins s'évertuant à suivre un cap parallèle au sien. Par expérience, il sa-

---

1. L'ordre des cétacés comprend le sous-ordre des odontocètes ou cétacés à dents et celui des mysticèdes ou cétacés à fanons. Seuls les odontocèdes sont équipés d'un sonar.

GUIDE PRATIQUE DE MÉTÉOROLOGIE ANIMALE

A chaque animal présenté dans ce mini-dictionnaire a été attribué un sigle. Parfois plusieurs. Ces sigles doivent permettre à l'utilisateur de trouver rapidement, en fonction de l'endroit où il se trouve, les animaux auxquels il peut se référer.

A la campagne, on pourra se fier aux animaux porteurs du sigle : □

En ville, il faudra regarder les animaux porteurs du sigle : ▲

Les marins, les plaisanciers, les habitants du littoral se référeront aux animaux porteurs du sigle : O

Abeille □
- regagne la ruche en plein jour : orage
- butine loin des ruches : vent du nord.

Abeille (ruche) □
- cloisons épaisses : hiver rigoureux
- cloisons fines : hiver doux.

Albatros O
- se pose sur l'eau, se repose : coup de vent le lendemain.

Araignée □ ▲
- sort le matin : pluie
- sort à midi : bouleversement atmosphérique
- sort le soir : beau temps le lendemain.

Araignée (toile d') □ ▲
- haubans courts et bien tendus : pluie ou vent
- haubans longs et flexibles : beau temps.

Bétail □
- meilleur appétit que de coutume : pluie.

Bêtes à cornes □
- bondissent queue dressée : orage
- reniflent furieusement : orage
- se réfugient dans les étables : orages.

Caille O
- voltige sur la grève : averse.

Chat □ ▲
- se débarbouille plus que de coutume : mauvais temps
- recherche la proximité du feu : mauvais temps
- s'assied derrière la vitre : pluie
- exécute maintes cabrioles : pluie
- passe la patte derrière l'oreille : pluie
- tourne le dos au feu : neige
- passe la patte sur la tête : tempête
- donne des signes de nervosité : vent
- fait ses griffes sur les tissus : tempête
- ronronne spontanément : beau temps

— ne se frotte pas le nez au cours de sa toilette : soleil.

Chat O
— gratte le plancher en fixant une direction : d'où viendra le vent
— à bord, joue plus que de coutume : coup de vent.

Chien □ ▲
— flaire le museau en l'air : pluie
— mange de l'herbe : pluie
— cache ses os : pluie
— son ventre gargouille : pluie
— se roule à terre : vent, mauvais temps.

Chien O
— donne des signes de nervosité : temps dur
— se tient près de la passerelle : vent violent.

Cloportes □ ▲
— font leur apparition sur les murs : mauvais temps.

Coccinelle □
— reste posée sur le bout du doigt : mauvais temps
— s'envole rapidement : beau temps.

Coq □
— chante souvent : changement de temps
— chante à midi : beau temps
— chante le soir : pluie.

Corbeau □
— vole bas : pluie
— croasse le soir : pluie
— va vers la montagne : vent
— va vers la vallée : pluie.

Cormoran O
— crie comme un enfant : mauvais temps.

Corneille □
— crie « glaras, glaras » : pluie.

LES ANIMAUX – MÉTÉO

Couleuvre ☐
– pousse un cri monotone par beau temps : pluie.

Dauphin O
– se rapproche du rivage : tempête le lendemain.

Ecureuil ☐
– ramasse beaucoup de noisettes : hiver rigoureux.

Etourneaux ☐ ▲
– quittent l'arbre ensemble : grand froid
– partent séparément : pluie.

Fourmi ☐ ▲
– déménage ses œufs : orage
– construit de hautes fourmilières : hiver rigoureux.

Grenouille
Dans un bocal à demi rempli d'eau ☐ ▲
– monte à l'échelle : beau temps
– se réfugie au fond : pluie
– se maintient à la surface : variable.
Dans la nature ☐
– quitte son marécage pour s'enterrer : chute brutale de la température, gelées.
– coasse le soir plus tôt que d'habitude : longue période de beau temps.

Grues ☐
– volent très haut en criant : bourrasque
– arrivent réunies en bandes : hiver
– migrent plus au sud que les autres années : hiver rude.

Hirondelle ☐ ▲
– revient d'Afrique : retour des beaux jours
– vole bas : orage.

LES ANIMAUX – MÉTÉO

Insectes ailés □
- agacent hommes et bétail : orage.

Marsouin O
- souffle : tempête
- joue sur la mer : mauvais temps
- se rapproche du rivage : gros temps
- file dans une direction bien précise : indique la direction du vent.

Martinet □ ▲
- quitte momentanément sa région de nidification : orage
- fait un détour pendant son vol migratoire : évite une zone de basses pressions.

Moineaux □ ▲
- pépient et se rassemblent sur les toits : mauvais temps.

Mollusque □
- de sortie : pluie
- transporte de la terre : mauvais temps
- transporte de l'herbe : beau temps.

Mouette O □ ▲
- remonte les fleuves : coup de froid
- se réfugie à l'intérieur des terres : mauvais temps.

Oiseaux de mer O
- regagnent le littoral en jetant des cris sourds : tempête.

Papillon □
- voltige près des fenêtres : mauvais temps.

Perdrix □
- s'ébattent dans la poussière : ondée
- chantent au coucher du soleil : beau temps pour le lendemain, pluie le surlendemain.

Pivert □
- chante : pluie.

Pigeon □ ▲
 – regagne le pigeonnier : orage ou pluie
 – roucoule en volant : soleil.
Poissons O
 – mordent comme des enragés : orage
 – remontent en surface : orage.
Porc □
 – transporte de la paille dans son abri : orage.
Poules □
 – se rassemblent à l'entrée des poulaillers : pluie
 – fouillent leur plumage avec leur bec : pluie
 – se roulent dans la poussière : pluie, orage
 – restent au poulailler pendant la pluie : l'averse sera courte
 – sortent malgré la pluie : l'averse sera longue.

Rapaces □
 – marquent de l'inquiétude : orage.
Reptiles □
 – se cachent, se mettent à l'abri pendant les fortes chaleurs : orage.
Requin (huile de) O
 – forme un dépôt qui représente un cône : cyclone.
Rongeurs □
 – abandonnent leurs galeries : orage violent.
Rouge-gorge □ ▲
 – s'installe à la cime des arbres : soleil
 – cesse de chanter par beau temps : pluie.

Salamandre □
 – rabâche son chant : beau temps.
Sangsue
 Placée dans une bouteille à demi remplie d'eau □ ▲
 – reste au fond : beau temps
 – remonte : pluie
 – s'agite : vent

– s'agite davantage : tempête et orage
– se suspend au goulot : neige.
Serpent de mer O
– apparaît à la surface de la mer : ouragan, tornade.

Taupe □
– exhausse ses monticules : pluie.
Truite □
– fraie plus tôt que les autres années : hiver rude.

Vache □
– donne moins de lait : mauvais temps.
Ver de terre □
– remonte à la surface : pluie.
Ver luisant □
– brille plus que d'habitude : orage.

Petit Almanach
des animaux

Janvier

Quand le crapaud chante en janvier
serre la taille, métayer.

Si les mouches dansent en janvier
ménage le foin et ton grenier.

Février

Autant l'alouette chante avant la Chandeleur
autant elle se tait après.

En février, bon merle doit nicher.

Il est bon que les brebis mettent bas en février.

Le jour de la Chandeleur
l'ours rit ou pleure.

Mars

Le coucou avant les feuilles annonce
beaucoup de paille mais pas de grain.

Quand le coucou arrive déshabillé
peu de paille, beaucoup de blé.

Quand en mars il a tonné
le lait des vaches est tiré.

Entre mars et avril
on ne sait si le coucou est mort ou en vie.

Avril

Premier avril, faut que pinson
boive sur le buisson.

Pour que les rats ne mangent pas le raisin
il faut tailler la vigne le Vendredi saint.

Une hirondelle ne fait pas le printemps.

Brebis et abeilles
en avril s'effrayent.

Neige d'avril
fumier de brebis.

En avril chaque bête change de peau.

Le 5 avril le coucou chante mort ou vivant.

Il faut qu'au mois d'avril
le cheval tremble à l'écurie.

Mai

Quand il pleut le premier jour de mai,
les vaches perdent moitié de leur lait.

Quand il pleut en mai,
les vaches ont du lait.

Avril plaît aux hommes,
mai plaît aux bêtes.

Juin

Si le jour de la Saint-Médard il pleut sur les vaches
elles n'ont pas de lait de l'année.

Août

Cigognes à la Saint-Barthélémy
un doux hiver nous est promis.

En août les poules sont sourdes.

S'il pleut le premier vendredi d'août
les porcs perdent leur procès.

Septembre

Du 1ᵉʳ au 8
l'hirondelle fuit.

Si la cigale chante en septembre
n'achète pas de blé pour le revendre.

Octobre

En octobre, mes amis, tous les perdreaux sont perdrix.

En octobre, faute de branches d'arbre, abondance de jus ; une mouche en vaut vingt-deux.

Novembre

En novembre, bon paysan va vendre son poulain.

Décembre

A Noël les moucherons,
à Pâques les glaçons.

Noël sans lune,
de cent brebis, il n'en restera pas une.

L'étable au troupeau quand est né décembre,
les gens au repos pour l'année descendre.

vait pourtant que dans cette région les dauphins n'approchaient jamais aussi près de la côte.

Pour contourner les rochers et les bancs de sable qui encombrent la côte au large de Saint-Brévin, l'équipage se dirigea légèrement vers le large. A ce moment, les dauphins passèrent sous la quille du bateau pour aller se poster à bâbord. Peu rassuré de la présence de ces animaux batifolant à quelques mètres de son voilier, il reprit alors la direction du port d'où il était parti. Dès ce moment, les dauphins filèrent en direction de l'estuaire de la Loire.

A son retour, il raconta son aventure à un vieux pêcheur, qui lui assura que les dauphins ne venaient que rarement en estuaire de Loire, à cause de la pollution. S'ils le faisaient parfois, c'était toujours pour se réfugier en prévision du mauvais temps. Or la météo avait prédit vingt-quatre heures de beau temps. « Mais, nous écrit notre correspondant, pendant la nuit, le vent se levait, et le lendemain, Radio Saint-Nazaire diffusait un avis de grand vent. »

Les dauphins avaient donc raison. Malgré tout, une question nous intrigue encore. Pourquoi ces animaux sont-ils venus aussi près de son bateau quand il a pris un peu le large pour éviter les rochers de Saint-Brévin ? Faut-il voir dans ce comportement une preuve supplémentaire de l'amitié séculaire qui unit l'homme au dauphin ? Ont-ils voulu le mettre en garde du mauvais temps qui se préparait ?

> « Nombre d'oiseaux de mer
> se réfugiant à terre,
> tempête va venir d'une forte manière. »

Plus que les poissons, les mollusques ou les mammifères marins, ce sont surtout les oiseaux qui aident le plus le marin, le plaisancier ou le pêcheur dans sa prévision du temps. Vivant dans l'ambiance éminemment électrique et magnétique du ciel, l'oiseau sent mieux que tout autre les changements de temps. Bien souvent, il aura trouvé à se réfugier vingt-quatre heures avant la tempête. Michelet, au XIXe siècle, écrivait déjà :

« L'oiseau est averti. On le voit qui regagne la terre à tire d'aile. En haute mer, ton vaisseau lui sert d'île et de point de repos. Il tourne autour et te demande l'hospitalité, perche un moment sur tes mâts. Bientôt, viendra le pétrel sombre, l'oiseau au vol sinistre qui, si habilement, entre lui et l'orage, sait mettre le bateau en danger. »

Les Malouins se souviennent de la violente tempête qui, le 6 juillet 1969, prit de court une bonne partie des plaisanciers bretons. Dans son livre *Prévoir le temps par les dictons marins*, Joe Klipffel indique les prévisions que la météorologie nationale donnait pourtant ce jour-là : « Le 6 juillet, à la suite d'un passage nuageux au cours de la journée, le temps, après quelques brumes matinales, sera généralement ensoleillé. Vent du secteur ouest modéré près de la Manche, variable ou faible ailleurs. » Une prévision qui incitait tous les plaisanciers à profiter de la mer.

La tempête fit son apparition avec une telle soudaineté que tout le monde, marins et météorologues, fut désemparé. Plusieurs embarcations se fracassèrent sur les rochers, et l'on comptait deux morts à la fin de la journée. « Cette perturbation était cependant prévisible, estime Joe Klipffel. Mais pour cela, il fallait être marin, observateur ; et surtout connaître, interpréter l'attitude des oiseaux du grand large, qui, dès la fin de la matinée, vinrent se réfugier à terre. » Ainsi se trouvait confirmé le dicton : « Bandes d'oiseaux de mer se réfugiant à terre, tempête va venir d'une forte manière. »

Le plus célèbre, et sans doute le plus ancien, des oiseaux-météo est l'alcyon, cet oiseau fabuleux qui, selon les Anciens, ne fait son nid que sur une mer calme et annonce par conséquent le beau temps.

La mythologie veut qu'Alcyoné, fille d'Eole et épouse de Céyx, ait été transformée en alcyon par les dieux, tandis que son mari devenait plongeon. Alcyoné avait la particularité de faire son nid sur les flots, mais les vagues le lui dévastaient sans cesse. Zeus, pris de pitié, intervint pour que les vents se calment durant les sept jours qui précèdent et suivent le solstice d'hiver. Ainsi Alcyon aurait-elle le temps de couver ses œufs.

On a vainement tenté d'identifier l'oiseau qui pouvait être à l'origine de cette histoire. Certains ont cru reconnaître le martin-pêcheur ; d'autres la mouette ou le goéland. Une chose est au moins certaine : dans plusieurs pays, les habitants des côtes utilisaient comme baromètre naturel des oiseaux morts qu'ils appelaient alcyons. Suspendu au plafond des maisons comme une girouette, l'oiseau était censé indiquer la direction d'où viendrait le vent, grâce à son bec. Sur plusieurs gravures anciennes, ces vire-vents étaient souvent des martins-pêcheurs. Au XIXe siècle d'ailleurs, cet oiseau était désigné sous le nom d'alcyon d'Europe. L'alcyon a été consacré à Thétis, la plus belle des Néréides.

Plus fiable que l'hypothétique alcyon, le bel albatros affamé annonce la venue d'un coup de vent. En réalité, il est certain qu'une journée avant la tempête, bien avant la chute du baromètre, ce voyageur infatigable se pose sur l'eau et semble s'y reposer. On pense qu'il reprend des forces avant le coup de vent auquel il devra faire face. Le célèbre navigateur Bernard Moitessier, bien que sceptique, a pu observer ce comportement prémonitoire. Il y fait allusion dans son livre *Cap Horn à la voile* : « Le baromètre, écrit-il, amorce une descente en vrille vers zéro heure. Cette fois, c'est la visite du coup de vent que nous avaient si gentiment annoncé tous ces albatros posés sur l'eau hier après-midi... pour me rappeler que les légendes se vérifient parfois. »

Les oiseaux de la famille des laridés, dont font partie les goélands, les mouettes, les sternes, sont de bons météorologues. L'un de nos correspondants, ancien commissaire de la marine de guerre et plaisancier, les observe encore quand il veut savoir de quel côté soufflera le vent. « Que ce soit à terre ou sur l'eau, écrit-il, les laridés au repos se tiennent toujours tournés la tête dans la direction du vent, si faible soit-il, ou même dans la direction d'où le vent va souffler. » Il nous affirme avoir tenu compte des enseignements de ces oiseaux au cours des nombreuses régates qu'il a disputées. Et ceci avec succès.

« Quand les mouettes picorent les vers de terre, la pluie est proche. »

On considère la venue des mouettes à l'intérieur des terres comme un présage de mauvais temps. Cette attitude n'est cependant pas très significative. En toutes saisons, et même par beau temps, les mouettes

remontent désormais le cours des fleuves, certaines d'y trouver les décharges municipales où elles auront sans peine de quoi se nourrir. Il est plus utile donc de remarquer qu'avant la pluie, ces oiseaux picorent à la surface des champs. Ils profitent tout simplement du fait que, sensibles à l'humidité ambiante, les vers de terre remontent en surface.

Mais les facultés météorologiques des mouettes ne s'arrêtent pas là. Un de nos correspondants corses affirme observer ces oiseaux pour prévoir l'arrivée de la neige. « Quand, en hiver, les mouettes viennent planer au-dessus du village, écrit-il, elles nous annoncent la neige dans les deux jours. » Un Breton remarque quant à lui qu'en petits groupes, accompagnées généralement de goélands, les mouettes tourbillonnent à faible altitude et avec force piaillements à l'approche d'un coup de froid. Elles donnent leurs prévisions avec trois jours d'avance.

Les Anglais ont, pour symboliser cette attitude qu'ont les mouettes de gagner le rivage à l'approche du mauvais temps, une imploration très expressive :

*« Mouette, mouette, reste sur le sable,
il n'y a jamais beau temps
quand tu viens à terre. »*

On croit encore en Bretagne que les « mauves » (mouettes) dansent sur la mer et s'y plongent pour annoncer un temps dur. En nageant et en jetant des cris, c'est le vent qu'elles sentent.

Ces multiples capacités prouvent, s'il en est besoin, que la mouette tient le haut du pavé en ce qui concerne la météo marine. A tel point, semble-t-il, qu'on lui a trop prêté de dons. Ce qui explique que de croyances en dictons, le marin pourra craindre parfois de perdre son latin de météorologue.

Avant la tempête, le goéland adopte un comportement similaire à celui de la mouette. Il faut d'ailleurs remarquer que les deux oiseaux ne sont pas toujours aisément différenciables. Comme elle, il rallie la côte au moins une journée avant la tempête. Joe Klipffel a très bien décrit l'attitude de cet oiseau, à ce moment précis :

« Au sol, écrit-il, tapis dans les dunes, les creux des rochers sous le vent, ou serrés les uns contre les autres sur le bord des quais, comme un long collier de perles blanches, ils attendent avec impatience, avec certitude, l'arrivée du coup de vent. Leur attitude têtue, immobile, bien ramassée sous leurs pauvres petites ailes repliées, toutes vibrantes de fatigue, après peut-être plusieurs centaines de miles de fuite devant l'ouragan, ne peut tromper un bon observateur. »

Par leurs cris, les goélands annoncent aux pêcheurs le voisinage des brisants. Ces heureuses dispositions font que le goéland bénéficie d'une cote d'amour et de respect, auprès de tous les gens de mer. Malheur à qui tuera un de ces splendides voiliers.

Les Bretons se fient au cri du cormoran qu'ils désignent par le quolibet de « Gros Guillaume ». S'il crie à la façon des enfants le mauvais temps est à prévoir. Le folkloriste français Paul Sébillot indique même qu'au siècle dernier, les marins s'exclamaient alors en entendant ce cri : « Il n'est

pas trop tôt de déménager si nous ne voulons faire un trou dans l'eau et boire la lavure de nos fesses. » On considère que le cormoran, comme le goéland d'ailleurs, représente l'âme d'un noyé ou d'un marin perdu en mer.

Mais c'est incontestablement le pétrel qui reste le plus sûr indicateur de la tempête. Son nom y fait même allusion dans plusieurs régions. En Picardie et en Bretagne, le pétrel est encore désigné par le nom d'« oiseau des tempêtes ». Une espèce de pétrel, *Hydrobates pelagicus*, porte même le nom de pétrel-tempête. En Angleterre, on le nomme le pinson des tempêtes. Cet oiseau océanique a l'habitude de voler bas, en rasant la surface des eaux, avant le mauvais temps. Parfois même, selon certains témoignages, il se réfugie tout simplement à l'arrière des navires pour disparaître une fois le grain passé.

Le pétrel-tempête paraît particulièrement sensible à l'approche de la tempête. On n'hésite pas d'ailleurs à l'appeler l'oiseau du diable, le satanite. En fait, les tempêtes prolongées déportent parfois cet oiseau sur le continent, où il ne vient pas, en théorie.

Le cygne sauvage est... signe de beau temps. Les marins sont impressionnés par le fait que cet oiseau ne se plonge jamais dans les eaux et flotte sur les mers les plus démontées. La météorologie populaire a, même chez les marins pourtant réputés comme des gens de bon sens, des explications qui dépassent l'entendement.

On peut aussi, avant de monter sur le bateau, observer le comportement de ces oiseaux qui, à terre, nous donnent des indications sur le temps qu'il fera en mer. On saura par exemple qu'il faudra essuyer une averse si, par malheur, les cailles viennent voltiger sur la grève. Le corbeau qui, de la mer, se dirige vers la montagne indique, par sa migration, la tempête. Le même sinistre présage est de rigueur s'il plonge sans cesse la tête dans l'eau ou s'il vole vers les navires.

Les hirondelles, dont on connaît déjà les multiples facultés météorologiques, sont aussi de bon conseil pour les marins. Dans une de ses fables, La Fontaine fait allusion aux services que cet oiseau peut leur rendre :

« Une hirondelle en ses voyages
Avait beaucoup appris.
Quiconque a beaucoup vu
Peut avoir beaucoup retenu.
Celle-ci prévoyait jusqu'aux moindres orages
Et devant qu'ils fussent éclos
Les annonçoit aux matelots. »

Entendre en mer le coq chanter est le signe de l'arrivée imminente d'un grain redoutable. Plusieurs oiseaux annoncent d'ailleurs le temps par leur chant ou leur cri. En Nouvelle-Zélande, le kohoperoa, une espèce de coucou migrateur, cesse de chanter quand le vent est sur le point de souffler du sud. Il ne reprend sa mélodie qu'une fois le vent d'ouest revenu.

Le paille-en-queue ou phaéton, un oiseau des mers tropicales, annonce en criant le coup de vent qui se prépare. On ne se lasse pas de répéter le dicton martiniquais qui fait état de cette croyance : « Zozo paillenqué crié là-haut, coudvent vini bientôt pou casser bateaux. »

Pour leurs pronostics météorologiques, marins, plaisanciers et pêcheurs font aussi confiance aux animaux domestiques. Il s'agit parfois des animaux de compagnie qui les accompagnent sur le navire, mais aussi de ceux qui restent à la maison, que l'on consulte avant de prendre la mer. Il est probable que les familles des gens de mer ont beaucoup contribué à ce folklore. A une époque en effet, où les communications radio n'existaient pas, les femmes de pêcheurs devaient tromper leur inquiétude en essayant par divers moyens de deviner le temps auquel leurs époux devaient faire face.

Le chien n'a qu'un rôle prémonitoire limité. Il flaire en direction du vent et paraît triste, se roule par terre, se couche sans cesse devant le mauvais temps. En Cornouaille, c'est un chien spectre, Shock, qui sort des vagues pour se promener sur les collines avant une tempête. A bord, le chien marque une certaine nervosité pour prévenir l'équipage d'un temps assez dur. Un de nos correspondants, marin de profession, a remarqué qu'avant même que le vent ne commence à souffler, les chiens, sur le bateau, se tiennent de préférence auprès de la passerelle. Est-ce dû au fait qu'il y a toujours quelqu'un à cet endroit et que le chien recherche alors la sécurité auprès de son maître ?

C'est surtout le chat qui renseigne les marins et leur famille sur le temps. Les Bretons ont rassemblé dans une charmante chanson les différents présages que cet animal était susceptible de donner. Plus qu'un simple étalage des prémonitions félines, cette chanson veut être un véritable code de conduite pour les pêcheurs :

> « Quand le chat au bas de la maison
> Avec la patte se nettoie le nez
> Le marin peut rester chez lui,
> Car sans tarder, il y aura coup de vent.
>
> Quand le chat se nettoie la face
> Il ne fait pas beau traverser le chenal de Batz ;
> S'il se passe la patte par-dessus l'oreille,
> Le patron de barque ne pourra plus gouverner.
>
> Quand le chat tourne le dos au feu,
> Presque sûrement chavire la barque
> Et si le chat vient à se brûler le poil,
> Les marins ne sont plus en vie.
>
> Quand le chat commence son credo (son ronron)
> Le mauvais temps est près de cesser
> Alors chaloupe et matelot
> Ont bonne chance de rentrer au foyer.
>
> Et voici que le chat va et vient dans la maison
> Qu'il cherche à jouer avec toute chose :
> Alors quand son maître rentrera
> Il sautera vite, sur ses genoux il viendra. »

Pour toute poétique que soit cette série de dictons, il convient semble-t-il d'y accorder une attention restreinte.

En jouant avec une robe ou un tablier, le chat annonce la tempête. Plût à Dieu qu'il dorme la tête appuyée sur les pattes, c'est un présage de temps calme. Pour savoir de quel côté soufflera le vent qui ramènera les plaisanciers sur le rivage, il « suffit » de regarder dans quelle direction regarde le chat quand il gratte le plancher. Qu'il coure autour de la maison, notre indomptable compagnon annonce du mauvais temps sur mer. Sachez aussi que rêver d'un chat ne vaut rien de bon : c'est le signe indiscutable qu'il ventera le lendemain.

A bord, le chat rend encore quelques services. S'il joue plus que de coutume, on peut être assuré d'une tempête dans les prochains jours. On dit alors qu'il a « un coup de vent dans sa queue ». Mais surtout, il convient de le respecter. Car les matelots sont unanimes : jeter un chat à la mer déclenche l'orage ou la tempête ; l'agacer suffit même à amener l'ouragan. Au siècle dernier en Bretagne, les femmes de marins se gardaient de causer quelque tort à un chat si leur mari était en mer. C'était porter malheur.

Le bétail donne aussi quelques indications. Selon le dicton « Vaches à bord, flairant l'air et les pieds léchants, signe assuré de mauvais temps ». Il faut bien convenir que même si elle prédit juste, la vache est un baromètre relativement encombrant, surtout sur un voilier.

Sur les côtes, les cochons éparpillent leur litière et la transportent au loin pour annoncer le mauvais temps. De même les moutons « deviennent folâtres et se mettent à se tosser ». L'un de nos correspondants a eu l'occasion de comprendre – un peu tard – la justesse de cette affirmation. Plaisancier dans la région des Côtes-du-Nord, il se dirigeait, le 2 mai 1981, vers l'île de Bréhat. La météo annonçait un vent de nord-est de force 5 à 6. En réalité, très rapidement, la violence du vent redoubla pour atteindre la force 9, provoquant, en plus des nombreux dégâts, la mort de deux hommes en baie de Saint-Brieuc. En rentrant chez lui, il eut la surprise d'entendre son père lui déclarer qu'il avait prévu ce coup de vent violent. Agriculteur, ce dernier avait en effet remarqué que de bon matin, les moutons s'étaient rassemblés, dans leur pâture, la tête tournée vers la direction d'où le vent était venu.

Les monstres marins annoncent la tempête. La science est formelle. C'est tout au moins la conclusion à laquelle ont abouti deux chercheurs canadiens, Lehn et Schroeder. Les deux hommes ont été impressionnés par la lecture de plusieurs documents norvégiens du Moyen Age, faisant état de « monstres marins de grandes dimensions se tenant droit sur les flots ».

Un des plus célèbres serpents de mer scandinaves est celui que Leif le Viking, l'un des premiers navigateurs à avoir atteint l'Amérique, aurait vu vers l'an 1000 au cours de sa traversée de l'Atlantique. Le clergé accrédite même la thèse de l'existence du serpent de mer, puisqu'en 1539 l'évêque suédois Olaus Magnus publie un document où il évoque un monstre marin de 60 mètres de long, fréquentant les côtes norvégiennes et attaquant les navires.

Autrefois, les marins savaient en voyant ces créatures fantasmagoriques qu'une tempête se préparait dans leurs parages. Adoptant une attitude réellement scientifique, Lehn et Schroeder, au lieu de hausser les épaules, ont accordé quelque crédit à ces récits unanimes. Leur conclusion est étonnante : les navigateurs du Moyen Age ne fabulaient pas. Ils étaient simplement victimes d'un effet très rare et très spectaculaire de mirage, déformant la silhouette d'un cétacé au point de lui donner l'apparence d'un animal fabuleux. Pour qu'un tel mirage soit observable, il fallait un concours de circonstances bien précis : celles qui justement sont réunies avant un ouragan.

L'effet de mirage sur mer est dû au fait qu'une couche d'air froid, à la surface de l'eau, voisine avec une couche supérieure d'air chaud. A ce moment-là, l'image d'un objet ou d'un animal se trouve considérablement déformée. Un morse nageant en surface, la tête hors de l'eau, peut très bien devenir un monstre se dressant sur les flots. Les deux Canadiens ont même consulté un ordinateur en lui soumettant les caractéristiques d'une atmosphère où règnent les écarts de température que l'on rencontre parfois au niveau d'un océan. Les déformations optiques transmises correspondent avec les descriptions des marins norvégiens.

La présence d'un front chaud est due à un réchauffement trop soudain de l'atmosphère. Ce phénomène entraîne des variations de pression atmosphérique, donnant alors naissance à un déplacement rapide des masses d'air et amenant immanquablement une tempête. Si les tritons et autres monstres marins sont moins courants aujourd'hui, c'est tout simplement parce que les bateaux modernes sont très hauts. Or, pour percevoir le mirage, il faut être très proche de la surface de l'eau. Les drakkars des Vikings ne dominaient les flots que de quelques mètres.

Par son chant, la sirène annonce, d'après divers dictons, la tempête. Lehn et Schroeder n'ont pas encore entrepris de percer les raisons de ce phénomène...

Les animaux messagers des saisons ?

Les animaux ne se contentent pas de pronostiquer le vent, le beau temps, la neige, le soleil ou la pluie. Au-delà de ces simples prévisions à court terme, ils donnent aussi des indications météorologiques à longue échéance. C'est tout au moins ce que nous enseigne la sagesse populaire.

Mais en ce domaine, gardons-nous quand même d'une trop grande crédulité. Car, si nous pouvons en toute bonne foi faire confiance à l'hirondelle qui annonce la pluie, il convient de faire preuve d'une grande circonspection quant à ces animaux capables par leur comportement de nous renseigner sur la rigueur de l'hiver ou la durée de l'été. La sagesse populaire perd parfois le bon sens dont elle se drape communément et il ne faut pas craindre de jeter un sort à certaines idées trop bien reçues.

Les premiers animaux concernés sont les oiseaux. Même si « une hirondelle ne fait pas le printemps », on considère encore aujourd'hui l'arrivée de cet oiseau comme la marque du début des beaux jours.

« Une hirondelle ne fait pas le printemps. »

    Les messagers de la belle saison sont, en Europe occidentale, les oiseaux qui reviennent d'Afrique à chaque printemps pour nicher en Europe. Les plus populaires de ces oiseaux de bon augure sont les hirondelles, les cigognes, les coucous, les martinets, les loriots... Inversement d'autres visiteurs ailés annoncent l'arrivée de l'hiver. Il s'agit d'oiseaux qui, après s'être reproduits en Scandinavie ou en Union soviétique, viennent passer la mauvaise saison chez nous. La plus grande partie de ces hivernants est composée de canards, d'oies et de quelques passereaux. Enfin, une troisième catégorie d'oiseaux est également prise en considération par les traités de météorologie populaire. Elle comprend les oiseaux de passage, qui traversent deux fois la France chaque année, au printemps et à l'automne, comme des petits échassiers et notamment la grue cendrée. Ce grand oiseau au plumage gris niche en Scandinavie et hiverne en Afrique. Les vols linéaires de cet échassier sont très spectaculaires et c'est sans doute la raison pour laquelle ils ont excité l'imagination des paysans-météorologues. On considère généralement que si les grues arrivent réunies en bandes nombreuses, l'hiver les suit de près.

Par contre une arrivée tardive et dispersée retarde la venue de l'hiver. Dans *L'Oiseau*, Michelet explique le fiasco napoléonien à la Bérézina par le manque d'intelligence ornithologique de l'empereur :

« Plût au ciel, écrit-il, que Napoléon en septembre 1811 eût tenu compte du passage prématuré des oiseaux du Nord. Les cigognes et les grues l'auraient bien informé. Dans leur migration précoce, il eût deviné l'imminence du grand et terrible hiver. Elles se hâtèrent vers le sud et lui resta à Moscou. »

En fait, l'observation montre clairement qu'il n'y a que bien peu de rapport entre la date des migrations et la rigueur de l'hiver par exemple. Il est loin d'être établi en effet que le départ ou l'arrivée des oiseaux migrateurs soient en relation avec des phénomènes météorologiques. Le phénomène migratoire résulte de considérations beaucoup plus complexes.

Tout vient des glandes...

Quelles sont donc les raisons qui animent soudainement les migrateurs d'un furieux désir de partir vers le nord ou vers le sud selon l'époque ? Quand le baguage des oiseaux n'existait pas et que l'observation n'était encore le fait que de quelques-uns, la première réponse à venir à l'esprit était « la recherche d'une température plus clémente ». Et c'est probablement de là qu'est

apparu tout le folklore de ces oiseaux qui
« portent l'hiver ou l'été sous leurs ailes ».
En réalité, les migrateurs arrivent et partent,
à quelques jours près, chaque année à la
même date. Cette date correspond à l'arrivée du printemps ou de l'automne, mais ne
signifie pas pour autant qu'il fasse alors définitivement beau ou mauvais. Si les hirondelles annonçaient réellement l'arrivée des
beaux jours, elles ne seraient probablement
jamais arrivées chez nous, en cet été de
1981,.. Il peut arriver qu'une année, les hirondelles migrent un peu plus tôt ou plus
tard que les années précédentes. Cela ne
présage en rien l'arrivée précoce ou tardive
du beau temps, mais dépend simplement des
conditions dans lesquelles s'est déroulé leur
long voyage. Certaines vagues de froid sur
leur itinéraire ont par exemple pu les contraindre à faire des étapes imprévues.

Deux oiseaux bien différents viennent
confirmer le peu d'importance du facteur
météorologique dans les causes de la migration. Il s'agit du martinet et de la sterne arctique. Cette dernière, lors de son impressionnante migration, rejoint deux régions
polaires. Après avoir niché sur les côtes de
l'Europe septentrionale, la sterne arctique
longe les côtes africaines pour gagner les
parages de l'Antarctique où elle retrouve
par conséquent le climat polaire qu'elle
vient justement de quitter.

Autre exemple : le martinet. Il quitte l'Europe dès le mois d'août, invariablement. Aucun facteur climatique ne peut expliquer ce départ. En général il fait encore beau à cette période de l'année et les insectes dont se nourrit cet oiseau sont toujours abondants.

Les causes de la migration n'ont qu'un très lointain rapport avec la météorologie. C'est au niveau glandulaire que se situe la réponse à ce qui est longtemps resté une énigme zoologique. C'est l'hypophyse, cette glande placée sous l'influence de l'hypothalamus, qui joue le plus grand rôle. Le déterminisme migratoire provient en effet du fait que l'hypothalamus réagit aux changements de l'intensité lumineuse. Le schéma est donc le suivant : les variations de lumière agissent sur l'œil, et se répercutent sur l'hypothalamus qui contrôle l'hypophyse. Cette dernière stimule les glandes génitales et provoque le développement d'une réserve de graisse indispensable à l'oiseau pour son long voyage. C'est donc parce que les jours se raccourcissent, et que la lumière perçue par l'œil de l'oiseau devient plus rare que l'oiseau se trouve en état migratoire.

Des causes externes viennent renforcer cette détermination, comme notamment la difficulté de se nourrir. La météo n'intervient qu'indirectement sur le départ des migrateurs.

Une expérience, dont on pourra regretter qu'elle nuise aux quelques oiseaux qui l'ont rendue possible, a nettement mis en évidence cette importance de la lumière sur le phénomène migratoire. En plein hiver, des savants américains ont observé le comportement de quelques corneilles tenues prisonnières. Alors que la durée du jour à pareille époque diminuait, les savants se sont « amusés » à provoquer pour ces malheureux volatiles un allongement artificiel du jour. Quand cet allongement progressif atteignit une situation printanière, les oiseaux furent saisis d'une forte agitation. On les remit alors en liberté et les corneilles cinglèrent immédiatement vers le nord, leur lieu de migration. Constatation ahurissante : ni le froid ambiant, ni la neige pourtant bien présente, ni même le fait qu'ils retrouvent des journées très courtes ne les incitèrent à renoncer au grand voyage. La machine était en marche une fois pour toutes.

Certains savants estiment que les animaux bénéficient d'une mesure étalon du temps qu'ils comparent à la longueur réelle des journées. Dès un certain seuil, un chronomètre incorporé donne l'alarme, déclenchant ainsi l'instinct migratoire. On remarquera d'ailleurs que nos poules pondeuses répondent à leur manière au facteur lumière. Elles pondent davantage à mesure que les journées s'allongent. C'est la raison pour laquelle, désormais, de nombreux éleveurs éclairent en permanence leur poulailler.

L'arrivée ou le départ des oiseaux est donc fonction de la durée du jour, non de facteurs météorologiques. Par leur migration, les oiseaux ne nous indiquent rien, si ce n'est ce que le calendrier nous apprend déjà. A savoir que l'automne ou le printemps sont officiellement arrivés... Il conviendra donc de rester très prudent en ce qui concerne les prévisions météorologiques basées sur la migration des oiseaux.

La nature nous réserve cependant quelques surprises et certains comportements migratoires nous incitent quand même à nuancer nos propos. Comment expliquer ainsi l'observation inattendue d'un naturaliste anglais du milieu de ce siècle ? Au mois d'octobre, à l'époque où logiquement les vanneaux quittent l'Angleterre pour se réfugier dans le sud de la France, en Italie ou en Espagne, ce naturaliste avisé constata que curieusement les vanneaux se contentaient de migrer dans le sud de l'Angleterre. L'hiver cette année-là fut plutôt clément. Les oiseaux s'étaient donc comportés comme s'ils avaient deviné qu'ils trouveraient à se nourrir sans avoir à descendre plus bas...

A l'inverse, les ornithologues allemands ont constaté que les grues cendrées, qui peuvent passer l'hiver dans leur pays, migrent parfois plus au sud, faisant alors preuve d'une belle prévoyance. En effet, dans ce cas, les lacs où elles auraient dû trouver leur nourriture en période normale sont gelés trois semaines après leur passage. La grue est d'ailleurs un des oiseaux les plus fidèlement consultés. Pendant l'Antiquité, on pensait que son passage annonçait l'arrivée des pluies, et on estime encore aujourd'hui que quand ces oiseaux arrivent en bandes du Sud-Ouest au début du printemps, elles prédisent les bourrasques et les orages.

Le coucou est sans doute un des plus précoces visiteurs du printemps. On pensait d'ailleurs autrefois qu'après son arrivée, il ne neigerait plus. « La neige du coucou » est celle qui précède son arrivée. L'expérience montre hélas qu'elle n'est pas forcément la dernière neige de la saison. Aux yeux des paysans, le plumage du coucou revêt beaucoup d'importance.

« Quand le coucou arrive déshabillé,
Peu de paille, beaucoup de blé. »

Le fait que le coucou arrive avec un plumage peu fourni indique que le temps va être beau et par conséquent bonne la récolte. Mais la sagesse populaire reprend parfois le dessus : « Quand chante le coucou, un jour est mouillé, l'autre sec. » L'allusion aux giboulées de mars est évidente.

LES ANIMAUX - MÉTÉO

Le chant du rossignol augure aussi d'une longue période de beau temps puisque « Plus le rossignol chante en mai, plus la récolte sera belle. »

Le sifflement du merle indique quant à lui la fin de l'hiver.

Il est difficile de se fier, comme le font certains chasseurs, aux pattes de la perdrix qui, garnies de bouquets de plumes, présagent d'un hiver rigoureux, accompagné de violentes chutes de neige.

On peut, selon certains, prédire le temps en observant la façon dont les oiseaux construisent leur nid. S'ils le bâtissent à la cime des arbres, sur les branches les plus fines, l'été sera peu orageux et sans vent. Dans les plus basses branches au contraire, ce sera le signe d'un été venteux et orageux. La pie, de cette manière, prédit même le temps pour toute l'année :

« Quand la pie a bâti haut,
le temps sera calme et beau.
Mais quand elle a bâti bas,
sur tout l'an il ventera. »

La bavarde désigne aussi le vent dominant de l'année, car elle place obligatoirement l'entrée de son nid à contrevent. Ces croyances sont, on s'en doute, dénuées de fondements. Il est exact que les pies ou les corneilles ne construisent pas chaque année leur nid à la même hauteur. Quand elles bâtissent dans les basses branches, c'est tout simplement qu'un vent violent soufflait et dérangeait leur incessant labeur.

Les poissons sont parfois capables de faire des prévisions à longue échéance. Les exemples, moins abondants, sont tout aussi loufoques que pour les oiseaux. Pour n'en citer qu'un, prenons celui de la truite. Selon diverses croyances, si le frai de ce poisson commence de bonne heure, l'hiver sera prématuré. Mais on peut, semble-t-il, tirer de plus amples renseignements de ce poisson. Il suffit de redoubler d'attention le jour de la Saint-Nicolas. Alors, si les truites suivent le milieu de la rivière, l'hiver sera sec ; mais si elles suivent le bord il sera humide. Signalons simplement que le frai des poissons dépend essentiellement de la température de l'eau.

En ce qui concerne les animaux marins, on considère que les débris de navire garnis d'anatifes présagent un hiver très rude suivi toutefois d'une belle récolte. En réalité, ces petits crustacés s'accrochent à tous les objets flottants en mer, indépendamment du temps qui se prépare.

Un correspondant nous a indiqué que sur la côte sud de Bretagne, dans les parages de Groix et Belle-Isle, les caseyeurs estimaient qu'une grande concentration d'« araignées », ces crabes que l'on rencontre assez souvent en bord de mer, est le signe d'un été chaud.

Il est de mauvais augure pour les cultivateurs d'entendre le crapaud au mois de janvier. En effet cet animal chante surtout par temps humide. Or, janvier, pour être favorable aux cultures, doit jouer pleinement son rôle de mois d'hiver. C'est à cette époque que la gelée tue la vermine et prépare la terre pour les futures récoltes. Ce qui explique par conséquent que :

« Quand le crapaud chante en janvier
serre la taille, métayer. »

Pour des raisons identiques :

« Si les mouches dansent en janvier, ménage le foin et ton grenier. »

Quand criquets et grillons chantent dans le pré, le froid est fini pour l'année, et il n'y a plus de gelées à craindre. Cette déduction météorologique tient compte d'une caractéristique de ces deux insectes, qui ne sortent et chantent que si la température du sol est assez élevée. Il faut que le sol soit sec et déjà suffisamment réchauffé par le soleil. Le grillon qui construit l'entrée de son terrier du côté du midi annonce un hiver rigoureux ; s'il le construit au nord, il sera doux.

« Quand les abeilles font double ruche, l'hiver sera rigoureux. »

(Dauphiné)

Les apiculteurs peuvent, paraît-il, prévoir dès l'automne le degré de rigueur de l'hiver qui suivra. Ils n'ont qu'à examiner attentivement les cloisons qui séparent les alvéoles, lorsqu'ils prélèvent les gâteaux de miel de leurs ruches. Si ces cloisons sont épaisses, le temps sera glacial, minces, l'hiver sera clément. Comme pour les pies et les corneilles, un nid d'abeilles placé près du sol annonce un hiver enneigé. On ne sait pas, par contre, ce qui pousse les apiculteurs à considérer qu'une année d'abeilles est une mauvaise année.

Le papillon jaune est un signe de froid, le papillon blanc de temps doux. Cette affirmation s'explique en partie. Au printemps en effet, l'un des premiers papillons à faire son apparition est la piéride du chou, totalement blanche. L'hiver sera froid si la chenille arbore une large raie noire sur le dos. On dit qu'elle entrepose dans cette zébrure salvatrice la chaleur qu'il lui faudra pour résister aux rigueurs de l'hiver.

On ne saurait terminer cette brève incursion dans le monde des insectes sans faire allusion à ces deux animaux que La Fontaine nous a présentés sous des jours bien différents : la prévoyante fourmi et la futile cigale. Les dictons qui confirment la qualité de la fourmi sont nombreux : « Si les fourmis font de gros tas, un dur hiver viendra », assure l'un d'entre eux.

Il semble certain à lire « La cigale et la fourmi », comme à observer les illustrations qui complètent l'édition originale, que La Fontaine ait tout simplement confondu la cigale avec la sauterelle. Car rien dans les mœurs de la célèbre chanteuse de la région de l'olivier ne saurait nous permettre de la taxer d'imprévoyance pour l'hiver. La principale raison en est très simple et comme l'écrit Fabre dans ses *Souvenirs entomologiques* : « Il n'y a pas dans mon village de paysan assez borné pour ignorer le défaut absolu de cigales en hiver. » En effet à la mauvaise saison, la cigale n'existe qu'à l'état de larve réfugiée sous terre. Elle ne remontera qu'une fois l'été venu, par un puits rond qu'elle aura patiemment creusé.

Plus la fourmilière est haute au début de l'automne, plus l'hiver sera long. Enfin :

« Si la cigale chante en septembre,
n'achète pas de blé pour le revendre. »

Lorsque l'escargot s'endort à l'automne, il ferait preuve lui aussi d'intuition météorologique. Cet animal a l'habitude avant l'hiver, quand il se met en état de léthargie, de clore sa coquille d'un ou plusieurs opercules blanchâtres à double cloison, faits de boue séchée puis recouverts d'une laine brunâtre riche en carbonate et en phosphore. Ce portillon très isolant s'appelle l'épiphragme. Parfois cependant, l'épiphragme est particulièrement rudimentaire. Plusieurs observateurs ont remarqué qu'à chaque fois que cela se produisait, l'hiver qui suivait était particulièrement doux.

Les mammifères, la plupart des animaux dormeurs ou menant une existence souterraine durant l'hiver, sont aussi pressentis pour connaître le temps longtemps à l'avance. Un des cas les plus troublants se situe hors de nos contrées et nous emmène sur le continent américain. Là les chiens de prairies ou cynomys, ces rongeurs de la famille des sciuridés, sont censés annoncer le retour du printemps. L'hiver, ces animaux se réfugient dans un terrier dont ils ferment l'orifice. Ils se bornent alors à une existence souterraine. Mais avant même la fin de la mauvaise saison, sans que rien, aux yeux des humains, n'indique le retour des beaux jours, les cynomys sortent... et ne se trompent jamais. Le printemps les suit de quelques jours.

Chez nous, dans les Alpes, on escompte un hiver précoce si les marmottes, qui font aussi partie des sciuridés, s'enfouissent sous terre pour hiberner avant la mi-octobre.

Comme la fourmi, l'écureuil fait preuve de prévoyance et ramasse beaucoup de noisettes à l'automne avant un hiver neigeux. De même, en Sibérie, les habitants prévoient la rigueur de l'hiver à l'abondance des provisions des hamsters. Le hérisson annonce un hiver rigoureux s'il construit l'entrée de son terrier vers le sud.

Si l'on en croit la météorologie populaire, le chasseur qui viendrait à occire un renard à la mi-octobre n'aurait qu'à faire un examen de la rate de l'animal pour savoir à quoi ressemblerait l'hiver. Grosse, cette rate annonce un hiver rigoureux ; grosse dans les parties inférieure et supérieure elle symbolise l'accalmie à laquelle on pourra s'attendre au milieu de l'hiver ; grosse au milieu seulement, elle signifie que l'hiver ne sera froid que pendant un mois, à partir de la fin janvier ou de la Chandeleur. On tirait les mêmes pronostics à partir d'une rate de cochon.

Voir des belettes jaunes est le signe que le mauvais temps va définitivement s'installer. Cette croyance fait allusion à la mue de ce petit carnivore sauvage. Avant l'hiver, le pelage de cet animal, de coloration brune en été, se transforme pour devenir d'un blanc jaunâtre. A sa manière, la belette indique donc bien l'arrivée de l'hiver. Les cultivateurs d'autrefois avaient pleinement conscience de cette mue indicative de la belette :

« A la Saint-Lothain (1ᵉʳ novembre),
si la belette est blanche,
emplis deux fois
ta chemise de branches »,
donnaient-ils comme conseil.

Le lapin australien détient sans doute la palme de la prévision météorologique à long terme. Aujourd'hui, le fameux continent devrait être envahi par cet animal à la fécondité proverbiale. Mais les scientifiques ont constaté chez cette espèce un phénomène remarquable. Avant une longue période de sécheresse, les lapins des antipodes freinent leur natalité. Leur instinct les met alors en garde : « Les hautes herbes dont vous vous nourrissez ne pousseront plus ; vous ne pourrez nourrir votre progéniture... » Prévision rime alors avec prévoyance.

Mais personne aujourd'hui n'a encore expliqué cette perception extra-sensorielle à laquelle le lapin doit son salut. Les éléphants d'Afrique ont aussi adopté le principe du planning familial. Dans les régions trop sèches, les accouplements, qui ont lieu normalement tous les deux ans, n'interviennent plus que tous les trois ans et demi.

La Chandeleur semble tenir une place importante dans les traités de météorologie populaire. Les dictons relatifs à cette fête tombant le 2 février sont extrêmement nombreux, et mettent en scène pour la plupart des animaux. Ainsi :

> « Si la belette est grise le jour de la Chandeleur, signe de froid ; si elle est rousse, signe de beau temps ; si elle est blanche, signe de neige. »

De même, ce jour-là, si la loutre et le blaireau voient leur ombre, l'hiver n'est pas fini et les deux comparses rentrent dans leur trou pour quarante jours.

« S'il pleut à la Chandeleur, les vaches donneront beaucoup de lait. »

Enfin, si ce jour-là l'alouette monte en chantant, c'est pour six semaines qu'elle redescend.

A la Chandeleur, quand l'ours
se montre et rentre
pendant quarante jours l'hiver reprend. »

Mais c'est l'ours que l'on consulte le plus sûrement le 2 février. Dans la nuit du 1er au 2, le plantigrade pyrénéen sort en effet de sa tanière et examine le ciel pour en tirer quelques enseignements. Que le soleil luise, notre ours fait juste quelques pas avant de retrouver son repaire. Il se rendort alors pour une quarantaine de jours, certain que le beau temps ne durera pas et que l'hiver reprendra bientôt. Au contraire, s'il gèle, s'il neige, ou si le ciel est couvert, l'ours reste dehors, confiant dans le retour du beau temps.

Cette croyance météorologique, dépourvue de fondement mais riche de symboles, n'est pas spécifiquement française et apparaît dans tous les pays qui comptent l'ours dans leur faune. En Roumanie, en Pologne, en Allemagne, en Espagne et même en Sibérie, l'ours prévoit aussi la fin ou la continuation de la période hivernale.

Ce pouvoir attribué à l'ours le confirme dans son rôle de force de la nature. L'ours, un des seuls animaux de notre faune que l'homme ait eu à craindre, accède par cette croyance au rang des animaux mythiques, capable d'intervenir comme régulateur et maître du temps futur. En liaison avec cet ours mythique, il est bon de signaler l'existence de saint Ours, un saint thaumaturge dont la fête est honorée la veille de la Chandeleur. Curieusement, la légende attribue à saint Ours un réel pouvoir sur la nature. Il aurait fait lever les moissons et rentrer dans son lit un torrent qui menaçait Aoste.

La croyance en l'ours météorologue se perpétue de nos jours dans plusieurs villes, et notamment à Prats-de-Mollo dans les Pyrénées-Orientales, sous la forme d'une fête très animée, se déroulant le jour du Mardi gras.

Ce jour-là, les jeunes hommes du village se rassemblent dans la matinée. Après un repas bien arrosé, deux d'entre eux sont désignés : ils seront les ours. On les déguise avant de leur noircir le visage et les mains d'un mélange de suie et d'huile. Une fois prêts, les ours se munissent de leur arme traditionnelle, un bâton d'environ deux mètres de long. Les autres jeunes gens seront les chasseurs et prennent leur fusil. Le jeu commence alors, prenant la forme d'une course folle, émaillée de poursuites infernales dans les rues du village. Dans leur livre sur les *Fêtes en France,* Michèle Boudignon-Hamon et Jacqueline Demoinet ont très bien décrit le but de ce jeu :

« Pour les chasseurs : tuer les ours ; ils épaulent, visent et tirent à blanc : l'ours considéré comme mort tombe de tout son long, puis se relève un moment après ; il peut aussi lancer son bâton dans les jambes du chasseur... à lui de se garer.

Pour les ours : traquer quiconque se trouve à leur portée et noircir de leurs pattes enduites de suie, sans pitié, les victimes qu'ils peuvent saisir : c'est le mâchurage.

Pour la population : narguer les ours, les agacer sans se faire prendre. »

La fête de l'ours est aussi l'occasion pour tout le monde de s'enivrer de vin du pays, et les ours profitent même de la situation troublée pour lutiner les jeunes filles. Autrefois même, ils n'hésitaient pas « à glisser leurs pattes dans le corsage, pour leur noircir les seins ».

Le grand folkloriste français Arnold Van Gennep voit dans ce divertissement l'illustration symbolique de la croyance météorologique. S'il fait sombre l'animal sort de sa tanière et annonce la fin de l'hiver, le renouveau printanier. Pour Van Gennep, les connotations érotiques de cette fête « sont interprétées comme symbole d'union magique : cessation de l'hiver et renouvellement de la fécondité de la terre ». Le fait que les ours cherchent à noircir les visages de ceux qui les entourent correspond à leur désir de tout assombrir car « c'est la condition sine qua non de la sortie définitive de l'ours, de la venue du printemps ».

Les animaux n'ont qu'un pouvoir météorologique très limité quand ils tentent de prévoir le temps pour une longue période. Leur accorder une confiance absolue ne saurait être raisonnable. Il convient cependant de ne pas les oublier, de ne pas en faire les victimes innocentes d'une vague modernité.

Car même dépourvues de fondements, ces croyances n'en sont pas moins une marque de notre identité culturelle. Au même titre qu'une œuvre d'art, elles font partie de notre patrimoine. Il serait injuste et dangereux de ne plus être déraisonnable, de refuser d'ânonner quelques dictons, naïfs certes, mais empreints d'une si douce poésie...

Conclusion

Prévoir le temps en observant les animaux... Pourquoi pas ? Nous l'avons souvent répété au long de ce livre, il n'est pas question de partir en guerre contre la science ; mais juste de lui venir en aide. A cet égard, les Chinois ont très bien compris l'intérêt qu'il y avait de ne pas négliger les traités de météorologie populaire de leurs ancêtres, en mettant en place une fantastique expérience. Les enseignants des classes primaires ont demandé à leurs écoliers d'enquêter auprès de leur famille, d'interroger leurs parents, leurs grands-parents sur les « trucs » qu'ils connaissaient pour prévoir le temps. Les renseignements récoltés sont tous centralisés à Pékin, sur un ordinateur. Bientôt probablement, sera publié en Chine un code de météorologie populaire rationnel, c'est-à-dire expurgé des éléments « folkloriques », dépourvus de bon sens.

Ne peut-on imaginer une expérience identique chez nous ?

    Au-delà de l'immédiate utilité, la météorologie par les animaux présente de multiples bienfaits. Alors que la Nature nous devient petit à petit tout à fait étrangère, la météorologie populaire continue d'entretenir, vaille que vaille, quelques rapports avec elle. Les paysans savaient reconnaître les animaux parce qu'ils les observaient. Puissions-nous réapprendre leur naturelle curiosité. La prévision du temps par les animaux pourrait alors fournir un formidable prétexte, un point d'ancrage.

    La météorologie populaire fait aussi partie de notre patrimoine culturel. Au même titre qu'une œuvre d'art ! Fruit d'un travail séculaire, elle trouve ses racines au plus profond de nos civilisations. La laisser disparaître, l'oublier, c'est rompre avec le passé ; c'est injurier ceux qui en ont méthodiquement élaboré les règles. Il ne suffit pas de garantir sa survie en publiant des livres. Il faut l'utiliser.

Enfin, ultime avantage, la météorologie par les animaux n'est pas une science parfaite. Grâce aux animaux, grâce aux mauvaises interprétations que l'on fera de leur comportement, il fera parfois beau quand nous aurons prévu le mauvais temps. Le droit à l'erreur...

Car le jour où la science sera infaillible, le monde sera triste.

BIBLIOGRAPHIE

Barloy (Jean-Jacques)
Le monde des ailes, Albin Michel, 1973.
Barloy et Coppé (Philippe)
Vive les dauphins, Editions de la Mer, 1980.
Berthoud (Henry)
L'esprit des oiseaux, Alfred Mame et fils éditeurs, 1867.
Bianu (Zeno)
La magie des animaux, Hachette, 1978.
Bidault de l'Isle (Georges)
Vieux dictons de nos campagnes, Nouvelles Editions de la toison d'or, 1952.
Chassany (Jean-Philippe)
Dictionnaire de météorologie populaire, G.P. Maisonneuve et Larose, 1970.
Clébert (Jean-Paul)
Dictionnaire du symbolisme animal, Albin Michel, 1971.
Coppé (Philippe)
L'animal, baromètre du marin ? Les Cahiers du Yachting, septembre 1981.

Desruisseaux (Pierre)
Dictionnaire de la météorologie populaire au Québec, l'Aurore, 1976.

Dröscher (Vitus B.)
Les sens mystérieux des animaux, Robert Laffont, 1965.
Les animaux savent vivre et survivre, Robert Laffont, 1980.

Dufour (Louis)
Les dictons météorologiques, Marabout, 1973.

Fabre (Jean-Henri)
Souvenirs entomologiques.

Flammarion (Camille)
L'atmosphère, Hachette, 1972.

Klipffel (Joe)
Prévoir le temps par les dictons marins, Arthaud, 1976.

Lartigue (Robert)
Les dictons météorologiques de nos campagnes, Delarge, 1978.

Merrien (Jean)
Le légendaire de la mer, Robert Laffont, 1969.

Moran (Robert)
Prévoir le temps, Olivier Orban, 1979.

Pedrazzani (Jean-Michel)
Le mystérieux sixième sens des animaux, Belfond, 1980.

Sébillot (Paul)
Le folklore de France, Maisonneuve et Larose, 1968.

Légendes de la mer, Charpentier, 1886.
Taille (Renaud de La)
Les monstres marins rejugés par l'optique atmosphérique, Science et Vie, mai 1981.
Virgatchik (Ilya)
Le guide de la météorologie et des microclimats, Marabout, 1981.

INDEX DES ANIMAUX CITÉS

Abeille : 35-36-37, 126
Agneau : 75
Albatros : 100
Alcyon : 99
Alose : 85
Alouette : 132
Anatife : 125
Ane : 75
Araignée : 32-33
Argonaute : 88

Baleine : 93
Belette : 68, 130-131-132
Bélier : 75
Bergeronnette : 59
Bétail : 72, 110
Bête d'orage : 47
Blaireau : 132
Bœuf : 72
Bousier : 42-44

Buse : 63
Butor : 62

Cachalot : 95
Caille : 106
Campagnol : 68
Canard : 64
Chat : 75-76-77-78
Chauve-souris : 68
Chenille processionnaire du pin : 46
Cheval : 75
Chèvre : 75
Chien : 75-76-78, 108
Chien de prairie : 129
Chouette : 63-64
Cigale : 128
Cigogne : 63-116-117
Cloporte : 26-27
Coccinelle : 42

Cochon : 111
Conque : 86
Coq : 66, 107
Corbeau : 18, 56, 106
Cormoran : 104
Corneille : 55-56, 126
Coucou : 60, 107, 116, 122
Couleuvre : 29
Courtilière : 44
Crabe : 87
Crapaud : 125
Criquet : 126
Crocodile : 70
Cygne : 106
Cynomis : 129

Dauphin : 93-94

Ecrevisse : 27-28
Ecureuil : 130
Eléphant : 131
Ephémère : 41
Escargot : 23, 128
Etourneau : 60

Flambé : 45
Fourmi : 38, 128-129

Geai : 56
Géotrupe : 42

Goéland : 100-104-105
Grenouille : 19-20-21-22
Grillon : 126
Grive : 58
Grive draine : 58
Grondin : 86
Grue : 63, 116-117
Guêpe : 38

Héron : 63
Hibou : 63
Hippopotame : 69
Hirondelle : 48-49-50, 106, 115

Insectes : 18, 47, 66-67

Lampyre : 25
Lapin : 131
Lézard : 29-31
Lézard d'eau : 31
Limace : 23-24
Limaçon : 23
Lombric : 25
Loriot : 116
Loup : 69
Loutre : 132

Marmotte : 129

Martinet : 50-51-52-53, 116
Marsouin : 91-92
Martin-pêcheur : 100
Merle : 58, 123
Milan : 63
Moineau : 59-60
Monstres marins : 111-112
Morse : 88-89
Mouche : 40-41, 126
Moucheron : 41
Mouette : 100-101-102-103
Moustiques : 39-40
Mouton : 75, 111
Mulot : 68

Oie : 64
Oiseau : 15-18, 47-48, 53, 66
Oiseau des tempêtes : 16
Orvet : 28
Ours : 132
Oursin : 87

Paille-en-queue : 107
Paon : 57
Papillon : 45-46, 127

Perdrix : 63
Pétrel : 106
Pic-épeiche : 61
Pie : 55-124-126
Pieuvre : 87
Pigeon : 61-62
Pinson : 57
Pivert : 60
Poisson : 83-84
Porc : 74
Poule : 65, 120
Python : 31

Rapace : 63
Rat : 68
Renard : 130
Requin : 86
Rossignol : 122
Roué de mer : 85
Rouge-gorge : 58

Salamandre : 31
Sangsue : 26
Sauterelle : 128
Scorpion : 35
Seiche : 87
Serpent : 30-31
Serpent-de-mer : 111
Sirène : 113
Souris : 68
Sterne : 101, 118

Taon : 40

Taupe : 67
Taureau : 73
Termite : 46
Thrips : 47
Tortue : 88
Tourterelle : 62
Truite : 125

Vache : 73-74, 132
Vanneau huppé : 62
Ver de terre : 25
Verdier : 57
Ver luisant : 25

TABLE DES MATIERES

Introduction 11
L'animal-baromètre à l'usage des citadins et des campagnards 17
L'animal-baromètre à l'usage des marins 81
Les animaux messagers des saisons . 115
Conclusion 137
Bibliographie 141
Index des animaux cités 145

Cahier central :
Guide pratique de météorologie animale
Petit almanach des animaux

ACHEVÉ D'IMPRIMER
EN JANVIER 1982
SUR LES PRESSES DE
L'IMPRIMERIE HÉRISSEY
A ÉVREUX (EURE)

HSC. 82.1.67.0805.1.
ISBN.2.7158.0346.X.